全国职业教育规划教材·财经商贸系列

人力资源管理（第二版）

主　编　孟英玉　王瑞卿
副主编　孟华玉　于清华
　　　　徐海云　赵　珊
参　编　苗　盼　王东亮

北京大学出版社
PEKING UNIVERSITY PRESS

内 容 简 介

本书采取基于工作过程的设计理念,通过对人力资源管理岗位实际工作的分析,将书中内容按照"选人、育人、用人、留人"的逻辑,划分为四大模块:模块一,树立现代人力资源管理理念;模块二,获取合适的人力资源;模块三,人力资源的培育;模块四,人力资源的保留。每个项目根据实际岗位需要精心设计知识模块和技能模块,通过实际应用分析、管理问题诊断与分析、管理实战演练等项目,让学生在任务实施中将理论知识转化为操作技能,同时通过相关链接,让学生了解和探索人力资源管理的前沿问题及发展趋势。

本书由于其系统性、职业性和实战性,既适合作为经济管理类专业本专科学生人力资源管理教材,同时也可作为企业管理人员培训教材和人力资源管理爱好者阅读材料。

图书在版编目(CIP)数据

人力资源管理/孟英玉,王瑞卿主编. —2版. —北京:北京大学出版社,2016.8
(全国职业教育规划教材·财经商贸系列)
ISBN 978-7-301-27312-8

Ⅰ. ①人… Ⅱ. ①孟… ②王… Ⅲ. ①人力资源管理–高等职业教育–教材 Ⅳ. ①F241

中国版本图书馆 CIP 数据核字(2016)第 181074 号

书 名	人力资源管理(第二版)
著作责任者	孟英玉 王瑞卿 主编
责任编辑	李 玥
标准书号	ISBN 978-7-301-27312-8
出版发行	北京大学出版社
地 址	北京市海淀区成府路 205 号 100871
网 址	http://www.pup.cn 新浪微博:@北京大学出版社
电子信箱	zyjy@pup.cn
电 话	邮购部 62752015 发行部 62750672 编辑部 62765126
印 刷 者	北京富生印刷厂
经 销 者	新华书店
	787 毫米 × 1092 毫米 16 开本 13.5 印张 290 千字
	2010 年 1 月第 1 版
	2016 年 8 月第 2 版 2019 年 1 月第 2 次印刷(总第 10 次印刷)
定 价	28.00 元

未经许可,不得以任何方式复制或抄袭本书之部分或全部内容。
版权所有,侵权必究
举报电话:010-62752024 电子信箱:fd@pup.pku.edu.cn
图书如有印装质量问题,请与出版部联系,电话:010-62756370

第二版前言

本书2010年1月由北京大学出版社出版以后，受到高等职业院校师生的广泛欢迎。近几年来，在教学活动和与使用教师及出版社的交流过程中，发现书中存在一些问题和不妥之处，包括文字表达及图示方面。另外，本书距离出版已经6年了，人力资源管理领域有了新发展，新思想、新观念、新理论和新案例大量涌现。为弥补书中存在的不足，我们对本书进行了修订。

这次修订保留了原书中的内容体系和结构，更新了大部分案例和知识链接，根据企业人力资源管理实际，重新设计了部分实战演练题目、人力资源相关表格，替换了原书中不合适的理论知识。同时书中还增加了企业人力资源管理师职业资格鉴定的内容和训练题，将职业标准融入教材内容，更加符合高等职业院校培养高端技能型人才的需要。

本书由威海职业学院孟英玉副教授修订完成，在教材修订和出版过程中，北京大学出版社的李玥编辑给予了很大的支持和帮助，在此特别致谢。

由于编者水平有限，书中难免有不足之处，恳请广大读者提出宝贵意见。

编　者

2016年6月

第一版前言

著名管理学家汤姆·彼得斯指出：企业或事业唯一真正的资源是人，管理就是充分开发人力资源以做好工作。步入知识经济时代，企业之间的竞争实质上是人才的竞争，谁能够获取优秀的人才，并能够对现有人才进行有效激励、合理使用和开发，谁就能够在激烈的竞争中取胜。人力资源管理得到了学术界以及企业界空前的重视。

高等职业教育的目标是培养技能型、应用型人才。人力资源管理作为经济管理类专业的核心课程之一，不仅具有较强的可操作性和实务性，而且能够很好地体现岗位特征和工作过程。我们在总结多年教学和研究经验的基础上，结合当前高职教育改革趋势，编写了《人力资源管理》教材。本书以"选人、育人、用人、留人"和发展人的潜能为主线，并结合企业实践，将人力资源管理的基本理论与实际操作相结合。为使本书成为不同背景学习者以及企业员工的一本好用又易懂的培训教材，我们在编写的过程中努力运用理论与实际相结合的方法，在内容的取舍与安排上力争做到体系完整而又突出重点，试图通过本书来系统地介绍人力资源管理的基本理论、方法和技能。

本书的创新之处主要有以下几点。

（1）教材体系的创新。本书按照企业人力资源管理的工作过程以及人的认知逻辑，将人力资源管理内容分为四个模块，即模块一：树立现代人力资源管理理念，模块二：获取合适的人力资源，模块三：人力资源的培育，模块四：人力资源的保留，并由浅入深、全面系统、简明扼要地阐述了人力资源管理的理论与方法。

（2）学习目标的创新。本书每个项目既有知识目标，又有技能目标。知识目标是要求学生从记忆和理解层面掌握人力资源管理的基本理论；技能目标是要求学生从应用层面掌握人力资源管理的操作方法和操作流程。知识目标的实现主要依靠学生自学和老师讲授；技能目标的实现主要通过实际应用分析、管理问题诊断与分析以及管理实战演练等项目将理论知识转化为管理技能，学员将所学的理论知识与实际操作相结合，做到了项目导向，任务驱动。

（3）教材内容的创新。本书按照基于工作过程设计理念，按照人力资源管理岗位要求精选每个项目的知识模块和技能模块。既有知识检验，又有实际应用分析、管理问题诊断与分析等实践任务，同时通过人力资源管理表格让学员了解人力资源管理常用工具，通过相关链接向学员展示人力资源管理的前沿问题及发展趋势。

本书分为四个模块，共十个项目。参加本书编写的同志，按承担项目的顺序，分别为：山东科技职业学院王瑞卿负责编写项目一；威海职业学院孟英玉负责编写项目二、三、四；威海职业学院于清华负责编写项目五、九；陕西省委党校孟华玉负责编写项目六、八；山东科技职业学院徐海云和威海职业学院赵珊负责编写项目七；中华女子学院山东分院苗盼和山东科技职业学院王东亮负责编写项目十。全书由孟英玉统稿和校稿。在本教材的编写过程中我们得到了北京大学出版社的支持和帮助，我们还参阅了大量的相关著作、教材和案例资料，谨在此向北京大学出版社，向这些作者、译者表示由衷的感谢。

由于编写时间仓促，教材中难免有不足之处，恳请广大读者提出宝贵的意见，以便我们在重印和修订时及时改正。

编　者
2009 年 10 月

目 录

模块一　树立现代人力资源管理理念

项目一　认识人力资源管理 ……………………………………………（3）
　　第一讲　了解人力资源 ………………………………………………（4）
　　第二讲　人力资源管理 ………………………………………………（9）
项目二　了解人力资源管理的历史与发展 …………………………（17）
　　第一讲　人力资源管理的产生和发展 ………………………………（18）
　　第二讲　人力资源管理面临的挑战 …………………………………（22）
　　第三讲　人力资源管理的发展趋势 …………………………………（23）

模块二　获取合适的人力资源

项目三　制定人力资源规划 …………………………………………（31）
　　第一讲　人力资源规划概述 …………………………………………（32）
　　第二讲　人力资源规划的程序 ………………………………………（34）
　　第三讲　人力资源需求预测 …………………………………………（37）
　　第四讲　人力资源供给预测 …………………………………………（40）
　　第五讲　编制与执行人力资源规划 …………………………………（46）
项目四　实施工作分析 ………………………………………………（55）
　　第一讲　工作分析概述 ………………………………………………（56）
　　第二讲　工作分析的流程 ……………………………………………（59）
　　第三讲　工作分析的方法 ……………………………………………（61）
　　第四讲　工作说明书的编写 …………………………………………（67）

项目五　招聘与录用合适的员工 ……………………………………………… (79)
第一讲　员工招聘概述 …………………………………………………… (80)
第二讲　员工招聘渠道 …………………………………………………… (83)
第三讲　员工招聘程序 …………………………………………………… (86)
第四讲　招聘评估 ………………………………………………………… (91)

模块三　人力资源的培育

项目六　建立员工培训体系 …………………………………………………… (103)
第一讲　员工培训概述 …………………………………………………… (104)
第二讲　员工培训的组织管理 …………………………………………… (106)
第三讲　员工培训的形式与方法 ………………………………………… (114)
项目七　构建员工职业生涯管理系统 ………………………………………… (126)
第一讲　职业生涯概述 …………………………………………………… (127)
第二讲　职业生涯发展理论 ……………………………………………… (130)
第三讲　职业生涯规划 …………………………………………………… (134)
项目八　开发绩效管理系统 …………………………………………………… (144)
第一讲　绩效管理概述 …………………………………………………… (145)
第二讲　绩效考核的含义与方法 ………………………………………… (148)
第三讲　绩效管理的实施过程 …………………………………………… (153)

模块四　人力资源的保留

项目九　设计薪酬管理体系 …………………………………………………… (167)
第一讲　薪酬管理概述 …………………………………………………… (168)
第二讲　薪酬设计 ………………………………………………………… (172)
第三讲　常见的薪酬制度 ………………………………………………… (176)
第四讲　福利管理 ………………………………………………………… (177)
项目十　实施劳动关系管理和社会保障 ……………………………………… (187)
第一讲　劳动关系管理 …………………………………………………… (188)
第二讲　劳动合同 ………………………………………………………… (189)
第三讲　社会保障 ………………………………………………………… (194)

参考文献 …………………………………………………………………………… (207)

模块一 树立现代人力资源管理理念

One 1

项目一　认识人力资源管理

项目二　了解人力资源管理的历史与发展

项目一　认识人力资源管理

知识目标

1. 掌握人力资源的概念及特点；
2. 掌握人力资源管理的内容；
3. 掌握人力资源管理与人事管理的区别；
4. 了解人力资源管理的职能及作用。

技能目标

1. 能够把人力资源与劳动力资源、人口资源等概念相区别；
2. 能够区分人力资源管理与人事管理。

引导案例

大数据时代给 HR 带来新机遇与挑战

相对于企业里的市场、销售、生产、财务和 IT 等部门，人力资源部门相对"弱势"，其在企业中扮演的角色和起到的作用也常为人们所质疑。其中的一个主要因素是传统的 HR（人力资源）不善于用数据说话，决策过于依赖"定性"的分析和通过"人际关系"来解决问题。大数据的兴起，互联网、云技术、网上购物和社交平台的飞速发展，使得数据每年翻一番，甚至更快地发展，大数据分析工具的有效性也得到很大的提高，很多工具可以实时分析这些数据，发现内在的规律和知识，提供有价值的和科学的结论。在人力资源转型和专业化的提升过程当中，数据分析扮演着至关重要的角色，使得人力资源管理的理念、技术及技巧从艺术走向科学。

互联网+时代的到来，数据和信息呈爆炸式的增长，对传统企业人力资源管理产生了根本性挑战：经济迅猛增长和技能、职位的要求脱钩，形成了巨大的人才缺口；白热化的人才争夺战加大了人才挽留的难度；经济的发展也带走许多有价值的东西——员工的信用、勤奋和敬业；忠诚和道德风险正在困扰着企业管理者；便捷的信息渠道，使得当今的员工比以往更加关注劳动力市场上的工作机会。而企业对于人力资源的要求也不再局限于原来的行政事务性工作和基于HR六大模块的专业化运作，要求HR能够理解和分析什么行动会增加企业价值，而什么行动可能会减少或弱化企业价值，并有针对性的开发和执行对企业有益的人力资源战略。

然而，目前HR的基础理论大都是十多年前（甚至是几十年前），基于大规模工业时代的特点形成的。企业HR从业人员的知识和经验大都是曾被广泛认可和普遍接受的，可能是更适合大规模工业时代特点的内容。传统的HR管理使用得较多的是滞后性的数据，即通过报告、图表等方式，将已经发生过的一些事实展现出来，但是这种展现很难发现其中的关联，因而难以帮助企业做出科学的预测和决策。

（资料来源：http://www.hroot.com/contents/4/317039.html）

第一讲　了解人力资源

在企业的各种资源中，人力资源无疑是最重要，也是最核心的资源。管理大师彼得·德鲁克曾经说过："企业只有一项真正的资源：人。"联想总裁柳传志也说过："人才是利润最高的商品，能够经营好人才的企业才是最终的大赢家。"可见，人力资源是企业发展的源泉和基本保障。

一、人力资源的基本概念

（一）人力资源的概念

资源是"资财的来源"（《辞海》）。在经济学上，资源是为了创造财富而投入到生产活动中的一切要素。按照这种界定，人们可以将资源分成两大类：其一，是物质资源，如自然资源、资本资源和信息资源等；其二，是人力资源。我们通常讲的资源，包括人、财、物。

人力资源是指能够推动整个社会和经济的发展，能为社会创造物质财富和精神财富的体力劳动者和脑力劳动者的总称。它包括现实的人力资源和潜在的人力资源两部分。现实的人力资源是指一个国家或地区或组织在一定时间内拥有的实际从事社会经济活动的全部人口，包括正在从事劳动和投入经济运行的人口以及由于非个人原因暂时未能从事劳动的人口。潜在的人力资源则是指处于储备状态，正在培养成长，逐步具有劳动能力的，或虽具有劳动能力，但由于各种原因不能或者不愿从事社会劳动的，并在一定条件下可以投入社会活动的人口的总和。

（二）人力资源的构成要素

人力资源由数量和质量两个基本方面构成。

1. 人力资源数量

人力资源数量是指一个国家或地区拥有劳动能力的人口的数量，包括实际就业人口、劳动年龄内的就业人口、家务劳动人口以及正在谋求职业的人口等。人力资源数量可以分为绝对数量和相对数量两种。人力资源的绝对数量指的是一个国家或地区中具有劳动能力、从事社会劳动的人口总数，它是一个国家或地区劳动适龄人口减去其中丧失劳动能力的人口，反映了一个国家或地区人力资源绝对量的水平。人力资源的相对数量又称人力资源率，是现实的人力资源数量在国家总人口中所占的比重，是反映经济实力的重要指标。人力资源的数量包括以下几个方面。

（1）处于劳动能力之内、正在从事社会劳动的人口，它占据人力资源的大部分，即"适龄就业人口"。

（2）尚未达到劳动年龄，已经从事社会劳动的人口，即"未成年就业人口"。

（3）已经超过劳动年龄，继续从事社会劳动的人口，即"老年劳动者"或"老年就业"。

其中，（1）～（3）部分构成就业人口的总体，被称为劳动力人口。

（4）处于劳动年龄之内，具有劳动能力并要求参加社会劳动的人口，这部分可以称为"待业人口"，它与前三部分一起构成经济活动人口，即现实人力资源。

（5）处于劳动年龄之内，正在从事学习的人口，即"求学人口"。

（6）处于劳动年龄之内，正在从事家务劳动的人口。

（7）处于劳动年龄之内，正在军队服役的人口。

（8）处于劳动年龄之内的其他人口。

影响人力资源数量的因素有以下3种。

（1）人口总量及其再生产状况。

（2）人口的年龄构成。

（3）人口迁移等。

2. 人力资源质量

人力资源质量是指人力资源所具有的体质、智力、知识和技能水平以及劳动者的劳动态度，一般体现在劳动者的体质、文化、专业技术水平及劳动积极性上。

人力资源质量构成是一个国家劳动力素质的综合反映，具体包括以下几个方面。

（1）身体素质——体力、体质、身体基础水平、心理动力特征等。

（2）智力——能力、技能和知识。

（3）非智力因素——品德、修养、心理和精神状况等。

（4）职业道德。

人力资源开发中的数量和质量是相互统一的。数量是基础，质量是关键和核心。人口过多会造成很多社会问题，人力资源管理的重点应该放在质量上。不解决人力资源的社会问题，会阻碍社会的发展。

（三）人力资源与其他资源的关系

与人力资源相关的概念有人口资源、劳动力资源、人才资源和天才资源。

（1）人口资源：是指一个国家和地区的人口总体，侧重于数量指标。

（2）劳动力资源：是指一个国家或地区具有的劳动力人口的总称，是人口资源中拥有劳动能力的那一部分，侧重数量概念。

（3）人才资源：是指一个国家或地区具有较强的管理能力、研究能力、创造能力或专门技术能力的人口总称，侧重质量指标。

（4）天才资源：是指在某一领域具有特殊才华的人，在该领域有较强的创造能力，并起到领先作用。

人力资源与以上四种概念之间的健康包含关系如图 1-1 所示。

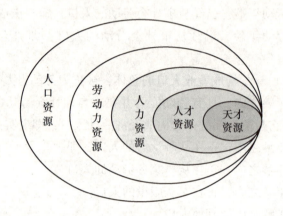

图 1-1　健康包含关系

但在现实中，这五者之间更多的是一种不健康的包含关系，如图 1-2 所示。

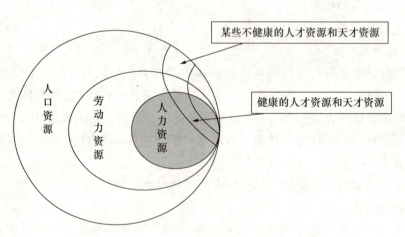

图 1-2　不健康包含关系

二、人力资源的特点

(一) 能动性

能动性是人力资源区别于其他资源的本质所在。其他资源在其被开发过程中，完全处于被动的地位。人力资源则不同，在被开发的过程中，人有目的、有意识地进行活动。人力资源的能动性表现为人力资源在生产活动中起主导作用，能够发挥引导、操纵、控制其他资源的功能。

(二) 再生性

从劳动者个体来说，他的劳动能力在劳动过程中消耗之后，通过适当的休息和补充需要的营养物质，劳动能力又会再生产出来；从劳动者的总体来看，随着人类的不断繁衍，劳动者又会不断地再生产出来。因此，人力资源是取之不尽用之不竭的资源。

(三) 增值性

人力资源的再生产过程是一种增值的过程。从劳动者的数量来看，随着人口的不断增多，劳动者人数会不断增多，从而增大人力资源总量；从劳动者个人来看，随着教育的普及和提高，科技的进步和劳动实践经验的积累，人的劳动能力会不断提高，人力资源价值在不断增大。但是当达到一定年龄后，由于人的身体健康状况，人力资源的价值又呈现出下降的趋势，直至丧失。

(四) 时效性

人力资源使用过程的时效性是指人力资源的形成与作用效率要受其生命周期的限制。人力资源的时效性是由两个因素造成的，一个是每个人的生命是有时效的，二是每个人所拥有的知识也是有时效的。例如，从25岁到45岁是科技人员的黄金年龄，37岁为其峰值；医学人才的最佳年龄一般会后移，这是其研究领域的业务性质决定的。这就要求人力资源部门对人力资源必须做到适时开发、及时利用、讲究时效，并有效地调整人力资源的投入与产出，最大限度地保证人力资源的产出，延长人力资源发挥作用的时间。

(五) 社会性

人力资源受民族文化和社会环境的影响，具有很强的地域性。因而在进行人力资源管理时，必须分析其所处的社会环境和文化特征。

三、人力资源的作用

(一) 人力资源是创造财富的关键要素

人力资源作为一种"活"的资源，它不仅同自然资源一起构成了财富的源泉，而且还在财富的形成过程中发挥着关键性的作用。社会财富是由对人类的物质生活和文化生活具有使用价值的产品构成，因此自然资源不能直接形成财富，还必须有一个转化的过程，而人力资源在这个转化过程中起到了重要的作用。人们将自己的脑力和体力通过各种方式转移到自然资源上，改变了自然资源的状态，使自然资源转变为各种形式的社会财富，在这一过程中，人力资源的价值也得以转移和体现。应该说，没有人力资源的作用，社会财富就无法形成。此外，人力资源的使用量也决定了财富的形成量，一般来讲，在其他要素可以同比例获得并投入的情况下，人力资源的使用量越大，创造的财富就越多；反之，创造的财富就越少。因此人力资源是财富形成的关键要素。

（二）人力资源是经济发展的主要力量

人力资源不仅决定着财富的形成，而且它还是推动经济发展的主要力量。随着科学技术的不断发展，知识技能的不断提高，人力资源对价值创造的贡献力度越来越大，社会经济发展对人力资源的依赖程度也越来越大。

统计数据也表明，美国国民收入的增长中，36%是靠科学技术知识的应用而获得的；发达国家国民生产总值中科技知识的贡献率达到了60%～80%。在许多产品中，物质资源的原材料价值所占的比例越来越小。例如，集成电路的价值中，原材料价值仅占2%；计算机价值中，原材料价值不到5%。

人力资源对经济发展具有巨大的推动作用，目前世界各国都非常重视本国的人力资源开发和建设，力图通过不断提高人力资源的质量来实现经济和社会的快速发展。

（三）人力资源是企业的首要资源

在企业的各种资源中，人力资源是首要的资源。人力资源的存在和有效利用能够充分地激活其他物化资源，从而实现企业的目标。IBM的创始人托马斯·沃特森说过："你可以搬走我的机器，烧毁我的厂房，但只要留下我的员工，我就可以有再生的机会。"由此可以看出，人力资源是保证企业最终目标得以实现的最重要也是最有价值的资源。

通过以上分析可以得知，无论是对社会还是企业而言，人力资源都发挥着极其重要的作用，因此我们必须对人力资源引起足够的重视，创造各种有利的条件以保证其作用的充分发挥，从而实现财富的不断增加、经济的不断发展和企业的不断壮大。

四、人力资本与人力资源

人力资本与人力资源在理论渊源、研究对象、分析目的上存在着一致的基础。根据舒尔茨和贝克尔的人力资本理论思想，人力资本是通过对人力资源投资而体现在劳动者身上的体力、智力和技能，它是另一种形态的资本，与物质资本共同构成了国民财富，而这种资本的有形形态就是人力资源。

人力资源与人力资本有以下四点区别。

（1）概念的范围不同。人力资源包括自然性人力资源和资本性人力资源。自然性人力资源是指未经任何开发的遗传素质与个体；资本性人力资源是指经过教育、培训、健康与迁移等投资而形成的人力资源。人力资本是指所投入的物质资本在人身上所凝结的人力资源，是可以投入经济活动并带来新价值的资本性人力资源。人力资本存在于人力资源之中。

（2）关注的焦点不同。人力资源关注的是价值问题，而人力资本关注的是收益问题。

（3）性质不同。人力资源所反映的是存量问题，而人力资本反映的是流量和存量问题。

（4）研究角度不同。人力资源是将人力作为财富的源泉，是从人的潜能与财富的关系来研究人的问题。而人力资本则是将人力作为投资对象，作为财富的一部分，是从投入与收益的关系来研究人的问题。

第二讲　人力资源管理

从强调对物的管理转向重视对人的管理，是管理领域中一个跨时代的进步，企业依托有价值的人力资源在激烈的竞争中生存和发展。人力资源管理越来越得到各个企业的认可和重视。

一、人力资源管理的概念

人力资源管理（Human Resource Management，简称HRM），是指组织为了获取、开发、保持和有效利用在生产和经营过程中必不可少的人力资源，通过运用科学、系统的技术和方法进行各种相关的计划、组织、领导和控制的管理活动，以实现组织的既定目标。它是研究组织中人与人关系的调整，人与事的配合，以充分开发人力资源潜能，调动人的积极性，提高工作效率，改进工作质量，实现组织目标的理论、方法、工具和技术。

我们可以从以下几个方面对人力资源管理的核心内容进行分析。

（1）人力资源管理的对象是人力资源这种特殊的资源。人力资源完全不同于物力资源，它是一种能够自我补偿和成长的资源。管理大师彼得·德鲁克认为，人力资源与物力资源的根本区别在于人力资源是一种能够自我成长和自我发展的资源。

（2）人力资源管理的内容是各种与人力资源有关的关系。例如，员工与岗位的关系、员工之间的关系、薪酬与工作效率的关系、员工能力发展与组织发展关系等。

（3）人力资源管理是一个过程，而不是一个瞬间。对于一个组织来讲，人力资源管理工作不是一个阶段性的工作，而是长期的持续的工作。这就要求现代企业必须建立与之相适应的具有战略性的人力资源长远规划。

（4）人力资源管理是一个组织行为，而不是一个个人行为。

二、人力资源管理的主要内容

人力资源管理的主要内容通常有以下几个方面。

（1）职务分析与设计。获取企业各个职位的性质、工作内容、职责，以及胜任该职位所具备的素质、知识、技能等相关信息，对这些信息进行分析，并编写出职务说明书和岗位规范等人事管理文件。

（2）人力资源规划。把企业人力资源战略转化为中长期目标、计划和政策措施，包括对人力资源现状分析、未来人员供需预测与平衡，确保企业在需要时能获得所需要的人力资源。

（3）员工招聘与选拔。根据人力资源规划和工作分析的要求，为企业招聘、选拔所需要的人力资源并录用安排到一定岗位上。

（4）绩效考评。对员工在一定时间内对企业的贡献和工作中取得的绩效进行考核和评价，及时做出反馈，以便提高和改善员工的工作绩效，并为员工培训、晋升、薪酬等人事决策提供依据。

（5）薪酬管理。通过对企业的基本薪酬、绩效薪酬、奖金、津贴以及福利等薪酬结构进行设计与管理，以激励员工更加努力地工作。

（6）培训与开发。通过培训提高员工个人、群体和整个企业的知识、能力、工作态度和工作绩效，进一步开发员工的潜能，以增强员工个人和企业的竞争力。

（7）职业生涯规划。鼓励和关心员工的个人发展，帮助员工制定个人发展规划，以进一步激发员工的积极性、创造性。

（8）劳动关系管理。协调和改善企业与员工之间的劳动关系，进行企业文化建设，营造和谐的劳动关系和良好的工作氛围，保障企业经营活动的正常开展。

三、人力资源管理的基本职能

（一）获取

获取主要包括人力资源规划、工作分析、招聘与录用。为了实现组织的使命、目标与战略，人力资源管理部门要根据组织结构确定工作说明书与员工素质要求，制定人力资源规划，并据此开展招募、考核、选拔、录用与配置等工作。

（二）整合

整合又叫同化，企业获取人力资源后，为了使新进人员不仅在组织上参加到本企业中来，同时思想上、感情上和心理上与组织认同并融为一体，这就要求企业做好对员工的整合工作，使新员工尽快融入组织，认同企业的文化、理念等。

（三）保持与激励

对企业人员采取适当措施，改善其工作的条件和环境，提高员工工作满意度。设计公平合理的奖酬、福利、保健等制度，建立激励机制，激发员工的内在工作潜能。

（四）控制与调整

这一功能主要是对员工实施合理、公平的动态管理的过程，是人力资源管理中的控制与调节职能，以实现员工的晋升、调迁、解雇、离退、奖励、惩戒等。

（五）评价

对员工工作成果、劳动态度、技能水平以及其他方面做出全面考核、鉴定和评价，为做出相应的奖惩、升降、去留等决策提供依据。

以上五个基本职能相互关联、相辅相成，并且都是为了实现组织的既定的目标与使命而服务的。

四、人力资源管理与传统人事管理的区别

现代人力资源管理，深受经济竞争环境、技术发展环境和国家法律及政府政策的影响。它作为二十多年来出现的一个崭新的和重要的管理学领域，远远超出了传统人事管理的范畴。

传统的人事管理与人力资源管理的区别如下。

(1) 管理的视角不同。传统的人事管理视人力资源为成本，而现代人力资源管理认为人力资源是企业的资本和第一资源，通过科学管理可以升值和增值。

(2) 管理的类型不同。传统的人事管理多为"被动反应型管理"，而现代人力资源管理则为"主动开发型管理"。

(3) 管理的重点不同。传统的人事管理只强调人与事的配合，而现代人力资源管理更着重共事人之间人际关系的和谐与协调，特别是劳资关系和专业技术人员间的协调。

(4) 管理的层次不同。传统的人事管理一般都处于执行层，而现代人力资源管理上升到了决策层，人事活动的功能多元化。

(5) 管理的焦点不同。传统人事管理的焦点是以事为中心，在管理系统中被迫落入从属的地位。而现代人力资源管理的焦点则是以人为中心，真正体现了人在管理中的核心地位。

(6) 管理的广度不同。传统的人事管理只注重管好自有人员，而现代人力资源管理不仅要管好自有人员，而且还必须要对组织现今和未来各种人力资源的要求进行科学的预测和规划。

(7) 管理的深度不同。传统的人事管理只注重用好职工的显能，发挥人的固有能力，而现代人力资源管理则注重开发职工的潜能，以不断激发其工作动机。

(8) 管理的形态不同。传统的人事管理一般都采用高度专业化的个体静态管理，而现代人力资源管理则采用灵活多样的整体动态管理，给职工创造施展自身才华的机会和环境。

(9) 管理的方式不同。传统人事管理的方法机械单一，而现代人力资源管理的方法则灵活多样，广泛引进了自然科学与工程技术理论，是科学理性与人文精神在现代管理理论中有机结合的典范。

(10) 管理部门的性质不同。传统的人事管理部门属于非生产、非效益部门，而现代人力资源管理部门逐渐成为生产部门和效益部门。

由上可知，人力资源管理与人事管理不单是称谓上的不同，它们代表了在对人的管理方面不同的历史阶段的不同特点。从人事管理转向人力资源管理，是历史的必然。

五、人力资源管理的作用

（一）人力资源管理是企业制胜的法宝

人力资源管理职能可以帮助企业实现其主要的战略目标：降低创造价值所需的成本并通过更好地满足顾客的需要来增加价值。从战略的角度上讲，人力资源是企业的一种长期财富，其价值在于创造企业与众不同的竞争优势。日本、德国战败后迅速崛起，得益于其人才优势没有丧失。任何成功的企业，其成功的根本原因在于拥有高素质的企业家和高素质的员工。

（二）人力资源管理是获取企业核心竞争力的源泉

在市场经济下，企业核心竞争力和竞争优势的根基在于企业人力资源管理过程中的人力开发。离开了企业人力资源的开发，企业核心竞争力便会成为无本之木、无源之水，企业的竞争优势就难以维系。对人力资源的开发，在很大程度上已经成为企业成功与否的关键。但是，并不是人力资源的所有特性都可以成为竞争优势的源泉。

（三）人力资源管理是企业形成凝聚力和建立内部品牌优势的关键

人力资源管理是企业正常运转的润滑剂，良好的职能运作能使企业获得最宝贵的东西——内聚力和向心力，这种软的而非硬的功能产生的结果往往是硬的生产力和企业利润的提高。一个充满和谐、有凝聚力和有竞争力的组织必能为每个员工创造最好的工作环境和给员工最好的回报，而心情舒畅的员工也必能为组织创造更多的利润和更多的财富。

在公司内部品牌建立中更可以通过人力资源管理，提高员工的素质，建立员工形象，使之关心社会大众、遵守社会道德，更好、更热情地投入工作。这是公司内部品牌建设的过程，而人力资源管理是内部品牌建设的先锋。很多公司投入大量的人力、财力进行市场活动、广告宣传，却忽视了内部品牌，以及员工内部的培养，最终导致失败。人力资源管理应该成为企业品牌建设中的利剑，帮助公司加强竞争能力，提高员工各方面的素质，建立和维护良好的社会形象。

知识检验

1. 简述人力资源的概念及特点。
2. 人力资源管理的内容有哪些？
3. 人力资源的基本职能是什么？
4. 人力资源管理与传统人事管理有什么区别？

管理技能转化

一、实际应用分析题

1. 对于规模比较小的公司，有必要设立人力资源管理部门吗？并说明你的理由。
2. 请谈一谈人口老龄化对企业人力资源管理工作的影响。

二、管理问题诊断与分析

案例1-1　海尔："人单合一"的双赢模式

互联网时代，速度至关重要，谁能在第一时间高质量的满足用户，用户就首选谁。海尔为了快速对市场做出反应，做出了组织变革，将离用户最近的一线人员从听命于领导转变为听命于用户；领导从给员工下达指令转变为给一线员工提供资源和平台支持；员工和管理者能不能拿到薪酬，就看最终有没有为用户创造价值。这一变革就是海尔的"人单合一"双赢模式。

一方面，海尔将企业拆分为一个个小微创业团队，赋予团队足够的自主权，让每个创业团队以单点切入的方式在某一领域做到专业和极致；另一方面，通过"人单合一"把创业者和用户价值捆绑在一起，颠覆传统的薪酬体系，以为用户创造价值的多少决定团队的价值，促进创业团队更贴近消费者，真正实现"以用户为中心"。在海尔，人人都是"创客"。海尔创业孵化平台上不仅有海尔内部的员工，还有来自社会上的创业者。如今，在海尔创业孵化平台上已孵化出2000多个"创客小微"。

"人单合一"双赢模式的核心是经营人，海尔以经营人为主体进行核算，把传统的企业财务报表转化为自主经营体中每位员工的"三张表"（损益表、日清表和人单酬表）。经营人的目的就是让员工从被动经营变为自主经营，以自组织的形式自运转、自驱动、自创新。其中，损益表主要是从传统财务报表的收入项与自主经营体为用户创造价值而获得的收入之间的差异，并找出当前工作的差距。日清表则是将损益表里的指标内容分解成每天具体的工作预算。人单酬表具体把给用户创造的价值按竞争力水平分成5个级别。按照人单酬表标准，每个人根据为用户创造的价值在5个级别上的位置来确定自己的薪酬。从损益表到日清表，最后到人单酬表，形成一个"事前损益算赢，事中日清关差，事后人单酬兑现"的逻辑体系。员工根据三张表确定目标，衡量损益，持续关差提升，自主经营。

分组讨论

1. 分析一下海尔的"人单合一"模式符合了人力资源的什么特点？
2. 为什么说"人单合一"模式核心是经营人？
3. 请你谈一下在当前形势下，对"人单合一"模式的认识。

案例1-2　福临公司的人力资源管理

福临汽车配件股份有限公司（以下简称"福临公司"）位于珠江三角洲，是它的董事长兼总经理乔国栋于十年前创办的,专门生产活塞、活塞环、气门之类产品,为华南的汽车制造与修理业服务。

乔国栋今年53岁,原在北方一家国有大型汽车制造厂的销售部门工作,20世纪80年代初他辞职南下,在一家中外合资汽车制造公司干销售工作。干了近10年后,和以前的老同事傅立朝一起,辞去现职,办起了一家一共才10个人的福临泊车修配站。老傅懂技术、有手艺,乔国栋自己管公关、干供销,生意红火,很快发展了起来。三年多后,又拉了一位会计出身的女强人关迪琼入伙办起来这家汽车配件股份有限公司,乔国栋、傅立朝、关迪琼各占股本的40%、30%和30%。乔国栋是董事长兼总经理,同时又兼营销副总经理,关迪琼任财务副总经理,傅立朝是生产副总经理,他手下还有位生产厂长,叫刘志仁,是老傅自己找来的。事实上,创业之初,厂区布局、车间设备、工艺、质量标准,直至4位车间主任的人选,全由老傅包揽,连第一批生产工人中不少人也是他招考进来的。老乔并未全力关注公司发展的全局和战略,至少四分之一的精力花在他爱干也擅长的营销、采购和公关上了。好在当时公司规模不大,市场也有利,这么干下来,效益相当不错。

从一开始,公司的做法就是大胆放权,各车间主任和科室负责人对自己手下的员工,从招聘、委派、考核、升迁、奖惩都由他们自己说了算,公司领导基本不过问。

经过7年的发展,公司规模扩大到340人,业务也复杂起来。乔总发现当初那几年全公司"一个和睦大家庭"的气氛消退了,近两年员工士气在不断下降。经开会研究,大家一致决定专门设置一个管人事职能的部门。但这个部门该设在哪一级,大家意见并不一致。争辩再三,才决定设在生产厂长之下,办公地点在生产厂进门左边一间小房间内。该部门有主任一名,并配一名秘书。

人事部门的部门主任由公司财务科成本会计师郭翰文担任。他6年前毕业于工商管理专业,是乔总的亲戚,人聪明能干,人缘甚佳。而且他常说,其实自己不喜欢干财会,更爱做人事工作,跟人打交道。

郭翰文主任新官上任三把火,上任伊始,他就向各车间主任发出书面通知:为适应公司的扩展,公司领导决定对全厂员工的人事管理实行集权,为此成立本部门。今后各车间一切人事方面的决定,未经本主任批准,一概不得擅自执行。

接到通知后,各车间主任们对此政策变化的不满便接踵而至,都说"小郭这小子太狂了,管得太多了。"厂长有一回见到一位车间主任,问为什么生产数量下降了,主任答道:"我手脚给捆住了,还怎么管得了工人?如今奖励、惩罚、招聘、辞退,我都没了权,叫我怎么控制得了他们?怎么让他们出活?"

还有一次,三车间主任无缘无故地辞退了一名女工,郭主任在接到女工的投诉后,要求车间主任给出合理的辞退理由。而车间主任态度很蛮横,给出的理由竟是不喜欢这名女工。

诸如此类的事还很多。主任们主张人事部门应当管的事情越少越好,这事终于闹到老傅那里去了,但乔总出差去走访用户了。刘厂长对傅总说,现在这厂的规模还不算大，用不着设一个专门的人事部门。刘厂长建议，还是用行之有效的老办法，让各车间主任自己管本车间的人事工作，郭主任还是回他财务科去做原来的成本会计为好。

老傅左思右想，觉得恐怕只好按刘厂长意见办了。但他说还是等几天后乔总回来，请示了再定。

分组讨论

1. 福临公司把人事权下放给各车间主任，在初期发展时为什么这套办法还算有效？
2. 你认为福临公司这样处理人事职能恰当吗？若恰当，为什么？若不恰当，又为什么？
3. 郭翰文去做人事部部门主任，是否正确？请阐述理由。
4. 你若是乔总，回来听了老傅的汇报，会怎样决定？为什么？
5. 福临公司实行的是传统人事管理还是现代人力资源管理？你从案例中得到哪些启示？

三、管理实战演练

1. 分组调查当地某个企业，分析其人力资源管理状况，并用PPT进行汇报。
2. 在当地调查一个大中型企业，了解一下该企业人力资源部经理与直线经理的职责分工的不同特点。

▶▶ **相关链接**

分拆人力资源部

自1901年，约翰·帕特森建立第一个独立的人力资源部门以来，人力资源部就成为现代企业的"标配"。无论企业规模大小，人力资源部门都肩负着重要的管理和运营职能。互联网时代让企业固定资产的重要性不断下降，人才资产在企业中的地位不断升高。然而传统的人力资源部门却没有跟上时代的进化，它们保持着僵化的流程和工作方式，无法满足公司对人才管理的需求，人力资源的地位和话语权也不断降低。近期有很多相关人士提出了人力资源部门的改革意见，下文的作者拉姆·查兰就是其中之一。查兰长期担任通用电气、杜邦公司、福特汽车、美国银行和英特尔等数十家世界500强企业高管顾问。他在文中提出了一个激进的观点，那就是"拆分HR"：

是时候跟人力资源部说再见了。我指的不是撤销人力资源部门执行的任务，而是人力资源部本身。我与全球那些对人力资源管理人员感到失望的CEO们交谈过。他们希望手下的首席人力资源官能像首席财务官那样，成为很好的董事会成员和值得信赖的合伙人，并凭借他们的技能，将员工和业务数据联系起来，从而找出企业的优势和劣势、令员工与其职位相匹配，并为企业战略提供人才方面的建议。

然而，很少有首席人力资源官能担此重任。他们多数是以流程为导向的通才，熟知人员福利、薪酬和劳工关系，专注于参与、授权和管理文化等内部事物。但他们没能将人力资源与真正的商业需求结合起来，不了解关键决策是如何制定的，分析不出员工或整个组织为何没能达成企业的业绩目标。

我的方案是减少首席人力资源官职位，将人力资源部门一分为二。一部分可以称之为行政人力资源（HR-A），主要管理薪酬和福利，向CFO汇报。这样，CFO便能将薪酬视为吸引人才的重要条件，而不是主要成本。另一部分称为领导力与组织人力资源（HR-LO），主要关注提高员工的业务能力，直接向CEO汇报。

HR-LO负责人由运营或财务部门非常有潜能的人担当，他或她既有专业知识，又具备人际交往能力，能将二者融会贯通。HR-LO负责人应分辨并培养人才，评估企业的内部工作，将社交网络与财务表现相结合；同时，他们还应从业务部门吸纳人才到HR-LO部门。几年后，这些负责人能够平级调动到其他部门，或在现有部门晋升。无论选择哪条路，他们都能继续升职，因此他们在HR-LO的经历将会成为个人能力拓展的一部分，而不是玩票性质。

这个方案还只是个简单的提纲，估计它会招致大量反对。但HR的问题真实存在，无论采用哪种方法，HR人员需要具备商业敏感度，帮助企业实现最佳业绩表现。

（资料来源：http://blog.sina.com.cn/s/blog_a47f16e00102w678.html）

项目二　了解人力资源管理的历史与发展

知识目标

1. 了解人力资源管理的产生与发展；
2. 了解人力资源管理面临的挑战；
3. 了解人力资源管理的发展趋势。

技能目标

1. 能够分析当前企业人力资源管理面临的挑战，并尝试提出一些解决措施；
2. 能够区分传统的人事管理与现代人力资源管理。

引导案例

数据化人力资源管理浪潮袭来

随着大数据、云时代的到来，数据化人力资源管理的浪潮也扑面而来，从2015年环球人力资源智库（GHR）《用数据驱动人力资源效能提升》公开课的火爆程度就可窥出端倪。但让人有些遗憾的是，大多数HR还是在做"人力资源管理+数据化"，而非"数据化+人力资源管理"。前者是把数据化作为工具来显化人力资源管理的"成绩"或"预警"人力资源管理风险，这大大降低了数据化武器的威力。

事实上，数据化人力资源管理是全面的革命，要求HR把所有的业务都"数据化"，并基于数据来指导运营。这和HR传统的做法完全是两个概念，有点像互联网企业里的"运营"，完全是基于数据来设置策略，影响业务。举例来说，我要支持一项业务，一定会首先关注这个业务的目标是什么。如果是财务指标，那么，究竟是营收、成本、还是利润？如果是成本，那么，究竟应该控制什么成本？如果是控制人工成本，究竟应该是控制人工成本单价，还是人员数量……所有的决策都应该基于数据的支持，数据是 HR 佐证自己观点的唯一证据。

数据化人力资源管理被高频提及的另一个原因是：在组织转型中，企业会向经营体"下沉"三权（财权、人权、事权），但在下定决心之前却始终会存在一个顾虑：三权下沉后，企业就变成了一个纯的财务投资者，除了员工有股份投入之外，基本上无法进行任何的"风控"。即使与经营体的经营者进行对赌，企业依然是风险的最大承担者。

企业的经营结果是滞后的，那么，如何确保对于企业的经营过程进行适时监控呢？通过数据化人力资源管理的方法计算人力资源效能成了一个最佳选择。在这个人力资本时代，人作为生产要素的效率最能够及时反映企业的经营状况。

（资料来源：http://www.hbrc.com/rczx/shownews-8216105-14.html）

第一讲　人力资源管理的产生和发展

人力资源管理是现代管理系统中一个重要的子系统，它的发展是伴随着管理理论的发展而发展的。由于西方管理理论更具有系统性和代表性，所以大多数研究者更侧重于西方人力资源管理的发展。

一、西方人力资源管理的历史与发展

（一）经验管理阶段（19世纪中叶以前）

从资本主义工厂制度出现起，到资本主义自由竞争阶段结束，一百多年的时间里，由于生产力相对落后，劳动力价格低廉，缺乏系统的管理理论指导，企业规模也不大，没有专门的管理人员和专门的机构，管理工作主要凭个人经验。主要表现出以下特点。

（1）缺少规章制度。许多企业主对约束机制的理解就是"管"，这种"管"随心所欲，没有标准，完全凭个人的经验和喜好。对人的管理就是指挥和监督，不重视研究人，也不关心人的需要。

（2）纯粹的雇佣关系。在这个阶段，对人的认识是一种"成本"，跟机器设备等其他物质投入等同，忽视人的主观能动性，雇主与工人之间是纯粹的雇佣关系，缺少必要的激励措施，企业内部存在很浓的劳资对立甚至对抗的气氛，致使员工对工作都处于消极被动的状态。

（二）科学管理阶段（19世纪末至20世纪初）

科学管理阶段是指19世纪末至20世纪初。在20世纪初，以泰勒和吉尔布雷斯夫妇为代表，开创了科学管理理论学派，并推动了科学管理实践在美国的大规模推广和开展。1911年，泰勒的《科学管理原理》，标志着企业管理由经验管理阶段进入到科学管理阶段。从泰勒的科学管理理论中，我们可以看到人力资源管理（或人事管理）

理论和方法的雏形。在科学管理阶段，主要注重通过科学的工作设计来提高工人的生产率，同时，注重采用科学的方法对员工进行招聘和挑选，用企业的系统培训来取代以前的自我培训，以提高工人的生产率。并且，科学管理理论还创造出了最初的劳动计量奖励工资制度——差异计件率系统，并最早提出了将生产率改进所获得的收益在企业和工人之间分享的思想。这些理论都对现代企业人力资源管理的发展产生了重要的影响。

这一阶段人事管理有如下几个特点。

（1）工作方法的标准化。通过分析研究工人的操作，从作业方法到材料、工具、设备和作业环境都实施标准化管理，制定各种工作的标准操作方法。

（2）选择和培训工人。泰勒认为，人具有不同的禀赋和才能，只要工作对他合适，都有可能成为一流的工人。管理者的责任在于为每项工作找出最适合的工作，并对他们进行系统的科学的培训，使他们成为从事那项工作的一流的工人。

（3）刺激性的报酬制度。泰勒认为，要根据实际工作表现支付工资，而不是根据工作类别来支付工资。采用一种"差别计件制"的刺激性报酬制度。

（4）劳动人事管理专门化。随着管理职能和作业职能的日益分化，出现了劳动人事管理部门，因而其功能也有所扩大，负责招募雇佣工人、人员的协调与配置等。

（三）工业心理学阶段（20世纪初至第二次世界大战期间）

工业心理学的创始人哈罗德·伯特于1913年写的《心理学与工业效率》标志着工业心理学的诞生。工业心理学重点关注工作和个体的差异。这个阶段，专职的人事部门产生了。这一阶段人事管理有如下几个特点。

（1）承认人是社会人。这一阶段开始萌发了对人性的关注与尊重，承认人除了基本的生存和安全需要之外，还有社会的、心理的和精神的更多、更高层次的需求。除了物质和金钱对人有刺激作用外，精神的、情感的关怀也对人有激励作用。

（2）承认非正式组织的存在。非正式组织作为一种未经官方规定的、自然形成的无形的组织，其自然形成的规范对成员的行为有很大的调节作用，它是利益、情感、爱好、信仰、友谊、亲缘的产物。

（3）承认管理的艺术性。将工业心理学引入人事管理，提倡以人为核心改善管理方法，承认针对不同的人要用不同的方法，开始重视工会和民间团体的利益和作用。

（四）人际关系运动阶段（第二次世界大战后至20世纪70年代）

这一阶段，是人力资源管理思想最活跃的时期，是从"经济人"的管理思想向"社会人"的管理思想的转变时期。20世纪30年代，著名的"霍桑实验"的研究结果使管理从科学管理时代步入人际关系时代。该实验证明，员工的生产率不仅受到工作设计和报酬的影响，而且更多地受到社会和心理因素的影响，即员工的情绪和态度强烈地受到工作环境的影响，而这种情绪和态度又会对生产率产生强烈的影响。因此，采用行为科学理论，改变员工的情绪和态度将对生产率产生巨大的影响。于是，在管理实践领域中导入了人际关系运动，推动了整个管理学界的革命。在人际关系运动阶段,人力资源管理发生了很多的变革,包括:在企业中设置培训主管、强调对员工的关心和支持、增强管理者和员工之间的沟通等都作为新的人事管理方法被企业所采用。至此,人力资源管理开始从以工作为中心转变到以人为中心,把人和组织看成是相互和谐统一的社会系统。

这一阶段的人事管理思想有如下几个特点。

(1) 人事管理规范化。人事管理在这一阶段从内容和职能上都有很大的发展,对薪酬、绩效、劳资关系、福利和培训等职能明显增强,大量企业都设了专门的人事部门,在管理方法上也逐步规范。

(2) 强调均等就业机会。随着对人性的关注与尊重,开始强调均等就业机会,反对性别歧视、年龄歧视、种族歧视和信仰歧视,使更多的人才获得了就业机会。

(3) 人事管理法规出台。1964年美国出台的《民权法案》第七章《公平就业法案》(EEO)标志着人事管理开始进入比较严格和规范的时代。

(五) 现代人力资源管理 (20世纪70年代至今)

从20世纪70年代开始,管理科学进入了多学派林立的"管理丛林",涌现出了系统理论学派、决策理论学派、权变理论学派以及人本主义学派等许多学派。这个阶段人力资源管理将组织看成一个系统,将员工看成是组织的第一资源,强调团队的作用,鼓励员工在组织中得到发展。传统的人事管理开始向现代人力资源管理转变。

(1) 以事为中心的管理转化为以人为中心的管理。传统的人事管理是以事为中心,以任务为中心,那是由于工业时代的标准化、大型化、集中化极大地影响着人事管理的思想和方法。现代人力资源管理建立在以高科技为支柱,以智力资源为主要依托的经济形态条件下,必须要把员工放在首位,实施以人为中心的人本管理。

(2) 以管理为主转化为以开发培训为主。现代人力资源管理理论认为,对员工进行开发培训,不仅是员工本人的人力资源价值提升的需要,同时也是企业提高凝聚力和组织竞争力的需要。

(3) 刚性管理转化为柔性管理。现代人力资源管理鼓励员工自我管理,员工和组织是一种共生共荣、相互依赖的关系,而不是家长式的管理。由于顾客需求的多样化,劳动力资源的多元化,外部环境的复杂化,那些僵化的规则、惯例和结构早已不能适应组织的要求。组织内多以临时性组织方式出现,如项目组、特别工作组及非正式的工作团队。这些组织的活动不影响个人的正式职位或正式的组织结构,而是根据客户多样化和不定时的需要,迅速重新配置人力资源和物质资源来解决问题。

二、中国人力资源管理的历史与发展

(一) 我国古代人力资源管理思想

我们的祖先早在几千年前就开始了对人类行为方面的研究。很多国外知名的学者都认为,现代人力资源管理中的许多原理,几乎都可以从中国历史上找到根据。

1. 关于人的行为规律的研究

荀况在《荀子·非相》中提出：人之所以为人者，何已也？曰：以其有辨也。意思是：人之所以称为人，同其他万物的区别在于人是有判辨力的。

韩非在《韩非子·扬权》中提出：天有大命，人有大命。意思是：天有天的规律，人有人的规律。

2. 关于人性问题的研究

荀况在《荀子·性恶》中指出：人之性恶，其善者伪也。意思是：人的本性是恶的，而性善则是人为的。荀况还提出：今人之性，饥而欲饱，寒而欲暖，劳而欲休，此人之情性也。意思是：人的本性就是饿了想吃饱，冷了想穿暖，累了想休息，这才是人的本性。

另外，《三字经》中也写道：人之初，性本善。性相近，习相远。苟不教，性乃迁。这都是对人的本性的研究。

3. 关于人的需要问题的研究

管仲在《管子》中指出：仓廪实则知礼节，衣食足则知荣辱。意思是说人们只有在衣食丰足之后才考虑荣辱礼节的事情。也就是说，人在满足了生理方面的需求以后，就会有心理方面和社会方面的需求。

4. 关于奖惩问题的研究

《司马法·天子之仪》中提出：赏不逾时……罚不迁列……意思是说：奖赏不能错过时机，惩罚不能等到士兵离开队伍的行列后再去执行。也就是说，要及时、准确地把握激励时机。

5. 关于人和思想的研究

在我国古代，很多学者都提倡人和的思想。孟子提出：天时不如地利，地利不如人和。《论语》中提出：和为贵。荀况在《荀子·王霸》中提出：上不失天时，下不失地利，中得人和，而百事不废。这些均是对人和思想的研究。

6. 关于用人问题的研究

荀况在《荀子·王制》中提出：贤能不待次而举，罢不能不待须而废。意思是说：对有贤德有才能的人，要破格提拔，疲沓无用的人要立即免职。

另外，中国古代还有对领导行为、群体行为、权力的运用等方面的研究，可以总结古代的文化遗产，做到古为今用。

(二) 我国近代及当代人力资源管理的历史与发展

1. 计划经济体制下的我国"人力资源管理"

传统计划体制下的我国企业中并不存在真正意义上的"人力资源管理"。在这个时期里，企业对员工的激励主要是一种政治激励和思想激励，而不是一种经济激励或利益激励。由于一方面计划体制中不存在真正意义上的市场，企业没有任何市场竞争的压力，所以企业在强化内部管理、提高生产效率方面的动力大多不足；另一方面，企业也缺乏能够对员工真正产生激励的有效手段和足够空间。这是我国传统意义上的劳动管理。

此外，在这个时期也存在"人事管理"的概念。不过，这是一个有着特殊含义的词汇，与西方传统的企业人事管理的概念完全不同。我国传统的人事管理中所涉及的是具有干部身份的人，他们通常是由人事部门统一管理的专业技术类和行政管理类人员。因此，我国传统的"人事管理"的概念实际上是特指干部的选拔、使用、晋升、考核、奖惩等。

2. 改革开放后我国的人力资源管理

我国自1978年开始进行经济体制改革，到1993年之前改革的基调仍然是在计划经济体制的框架之内进行的，在这段时间里，企业在内部人员管理上获得了一定的自主权，但是传统的企业劳动管理以及人事管理的烙印仍然很深，在管理的方式方法上也很难有大的突破。1993年以后，社会主义市场经济体制正式在我国确立，随着我国市场经济改革的不断深入，企业的人力资源管理也逐渐开始注意与市场经济体制的要求接轨，其中非国有企业对于提高自身人力资源管理水平的需求尤其迫切。在这种情况下，中国人民大学劳动人事学院于1993年率先将原来"人事管理"专业转变为"人力资源管理"专业并开始招生，从而第一次将"人力资源管理"的概念正式推向中国社会。

20世纪90年代中期以后，随着企业的管理水平不断提高以及产业结构的调整，第三产业以及计算机等高新技术产业的迅速发展，人力资源管理的重要性越来越被社会认可。同时，各种专业化的人力资源管理培训和咨询机构纷纷涌现，人力资源管理的计算机软件也大量面市，一支训练有素的专业人力资源管理队伍正在形成。可以说，进入新世纪的中国已经到了一个人力资源管理空前繁荣的时代。

第二讲　人力资源管理面临的挑战

经济全球化与科技进步使企业经营的内外部环境都发生了革命性的变化，给企业的内部管理带来了巨大的压力。人力资源管理作为企业管理的重要组成部分，同样面临着环境的挑战。

一、全球化挑战

全球化是当今世界发展的基本趋势。全球化使得世界各国在政治、经济、文化上的联系更加密切。经济全球化使得企业面临日益激烈的国际竞争，包括产品竞争、市场竞争以及人才竞争。文化全球化使得企业管理者必须跳出传统的管理模式，了解来自不同国家、不同地域的员工的思维方式、价值观、文化背景等，以此制定不同的管理策略。这几乎涉及人力资源管理的各个方面，也是人力资源管理所面临的挑战。

二、满足利益相关者需要的挑战

在当今的经营环境中，企业要想取得成功，必须既要满足投资者的需要，同时还要满足顾客、员工、社区等利益相关者的需要。对于企业来说，如何平衡投资者与利益相关者之间的关系，的确是一个挑战。创新、成本削减以及质量目标等都是与企业的财务目标能否实现直接联系在一起的要素，而这些要素又都受到企业人力资源管理实践的影响。前瞻性的企业正在通过采取符合道德标准的、负责任的行为来吸引、保留优秀的员工，从而获取竞争优势。成功的企业往往都是通过人力资源管理实践来对员工进行有效的激励和提供适当的报酬，从而为客户提供更好的产品和服务。

三、社会知识化的挑战

科学和技术正在以惊人的速度向前跃进，跟不上时代步伐的人将落伍。未来社会是一个学习型社会，越来越多的人将从事知识的创造、传播和应用活动，并由此创造财富。这样，知识管理能力成为企业核心竞争的关键，知识成为企业竞争的优势来源，企业也将更加重视员工及其技能和知识的培训与开发并将其视为企业的战略性武器。企业领导人考虑的战略性问题之一就是如何开发员工的创造力，如何将知识转化为智力资本和经营资本。随着知识工作者在企业中作用的增强，新型的信息沟通方式必然带来企业组织重组和人力资源政策的变迁。

四、信息网络化的挑战

电子通信、计算机、国际互联网和其他技术的迅猛发展，大大消除了地理距离，创造了一个不受地理边界限制与束缚的全球化工作环境和视野。企业的经营生产效率提高了，交易费用大大降低，管理方式也受到了巨大冲击。例如，通信设施和计算机网络的普及改变了企业的市场营销观念和方式；计算机网络和技术的运用，客观上重新分配了企业的内部权力；通信手段和网络技术的发展，使顾客和员工在获得更多的相关信息基础上，提高反应速度和灵活性。信息技术的发展，不断地重新定义了工作时间和工作方式，也使企业愈发认识到创造技术、使用技术的"人"的重要作用。

第三讲 人力资源管理的发展趋势

人类步入知识经济时代，人力资源与知识资本的独特性成为企业重要的核心技能，人力资源的价值成为衡量企业整体竞争力的标志。同时，人力资源管理也经历着来自全球化、网络化等的前所未有的挑战和冲击。新时期，人力资源管理既有着工业文明时代的深刻烙印，又反映着知识经济时代游戏规则的基本要求，呈现出以下几大发展趋势。

1. 人力资源管理上升到组织的战略地位

随着人力资源在企业竞争中的重要性增强，人力资源管理部门逐渐成为能够创造价值并且维持企业核心竞争能力的战略性部门，人力资源管理部门需要制定远期人力资源规划及人力资源战略，以配合企业总体战略目标的实现。人力资源管理的变化必须与企业的其他领域互相匹配，才能保证企业在新的经营环境下保持并且维持竞争优势。

2. 人力资源管理的信息化

科学技术的进步对人力资源管理工具、手段的先进性提供了技术支持，尤其是计算机信息技术的应用。在现代人力资源管理的先进理念与方法的指导下，在计算机技术的发展和计算机软件所提供的平台基础上，网络招聘、网上培训等已被越来越多的企业采纳，先进的人力资源管理软件以及办公自动化软件等现代化技术使企业的人力资源管理电子化和信息化成为可能，这大大提高了人力资源管理的工作效率。

3. 人力资源管理的专业化

随着人力资源管理工作内容的日趋复杂化，现代人力资源管理工作的性质和处理工作时需要的知识和技能，也日趋专业化。针对人力资源区别于其他物质资源的特殊性质和特征，人力资源管理工作已形成一套自己的理论、程序、方法和技能。人力资源管理工作人员已不是普通的行政办公人员，他们必须具有专门的知识和技能，以及专业的心理性格特征，才能胜任这项工作。

4. 人力资源管理重心向知识型员工转移

知识经济时代，企业的核心是人才，人才的核心是知识创新者与企业家。人力资源管理面临新三角：知识型员工、知识工作设计和知识工作系统。人力资源管理要关注知识型员工的特点，其重点是如何开发与管理知识型员工。当前知识型员工的管理存在以下几个方面的问题。

（1）由于知识型员工具有较强的独立性和自主性的要求，所以授权赋能与人才风险管理就成为人力资源管理的一个新课题。一方面要授权给员工，给员工一定的工作自主权，另一方面又要防止授权时所带来的风险。

（2）由于大多数知识型员工具有很强的成就欲望与专业兴趣，具有较高的流动意愿，所以如何确保员工的成就欲望、专业兴趣与企业目标一致，建立企业与员工之间的忠诚关系是人力资源管理者需要研究的一个新问题。

（3）由于知识型员工的工作过程难以直接监控，工作成果难以衡量，因此使得价值评价体系的建立变得复杂而不确定，这就要求企业建立公正、客观的绩效考核体系。

5. 学习型组织的建立

组织学习是企业适应知识经济时代发展需要的一种必然结果，是现代企业重视培训、重视人力资源管理的产物。学习型组织是通过持续有效的组织学习获得生存和发展机会的组织形态，是具备高度凝聚力和旺盛生命力的组织形态，也是未来最具有竞争优势和最具有适应能力的组织形态。人力资源管理部门必须有效地组织系统学习，把建立和完善学习型组织作为其一项长期的重要工作。

6. 人力资源管理工作外包化趋势明显

人力资源管理工作的外包就是将组织的人力资源管理活动委托给组织外部的公司承担。这种外包化的现象是为了适应人力资源管理快节奏的变化，为了使组织运作系统和流程能够保持较高效率而出现的。外包化以后，一部分基础性工作，如企业的档案管理、社会保险、招聘和培训等事务性的工作和知识含量不太高的工作将向社会化的企业管理服务机构转移；具有开创性的一些工作，如组织设计、工作分析等则转交给专业的人力资源管理咨询公司。这样可以大大降低人力资源管理工作的成本。

知识检验

1. 人力资源管理的发展经历了哪几个阶段？
2. 泰勒的科学管理思想的主要内容有哪些？
3. 传统的人事管理与现代人力资源管理的区别有哪些？
4. 人力资源管理未来的发展趋势有哪些？

管理技能转化

一、实际应用分析题

1. 我国古代很多学者提倡"人和"思想，请用现代人力资源管理理念分析一下"人和"思想。
2. 对知识型员工的管理与传统的员工管理有什么不同之处？

二、管理问题诊断与分析

案例 2-1 麦当劳的人力资源管理

吃过麦当劳快餐的人都知道，在任何一个麦当劳店，你所得到的汉堡都是一样的。这就是麦当劳的连锁标准化管理。麦当劳的人力资源管理也同样有一套标准化管理模式，包括如何面试，如何挖掘一个人的潜力，等等。

1. 不用天才与花瓶

麦当劳不用所谓的"天才"，因为"天才"是留不住的。在麦当劳里取得成功的人，都得从零开始，脚踏实地工作，炸薯条、做汉堡包，是在麦当劳走向成功的必经之路。这对那些不愿从小事做起，踌躇满志想要大展宏图的年轻人来说，是难以接受的。但是，他们必须懂得，麦当劳请的是最适合的人才，是愿意努力工作的人，脚踏实地从头做起才是在这一行业中成功的必要条件。麦当劳的员工不是来自一个方面，而是来自不同渠道。麦当劳的人才组合是家庭式的，年纪大的可以把经验告诉年纪轻的人，同时又可被年轻人的活力所带动。麦当劳不讲求员工是否长得漂亮，只在乎她工作负责、待人热情，让顾客有宾至如归的感觉，如果只是个中看不中用的花瓶，是不可能在麦当劳待下去的。

2. 没有试用期

一般企业试用期要3个月，有的甚至6个月，但麦当劳3天就够了。麦当劳招工先由人力资源部门去面试，通过后再由各职能部门面试，面试通过后则请来店里工作3天，这3天也给工资。麦当劳没有试用期，但有长期的考核目标。麦当劳有一个360度的评估制度，就是让周围的人都来评估某个员工：你的同事对你的感受怎么样？你的上司对你的感受怎么样？以此作为考核员工的一个重要标准。

3. 培训是一种激励

麦当劳的管理人员95%要从员工做起，包括人力资源部经理。每年麦当劳北京公司要花1 200万元用于培训员工，包括平时培训或去上麦当劳汉堡大学。麦当劳在中国有三个培训中心，培训中心的老师全都是公司有经验的营运人员。餐厅部经理以上人员要到麦当劳汉堡大学学习，北京50家连锁店已有100多人在麦当劳汉堡大学学习过。很多企业就像金字塔，越往上越小；麦当劳的人才体系像棵圣诞树，如果你能力足够大，就会让你升一层，成为一个分枝，再上去又成一个分枝，你永远都有升迁的机会，因为麦当劳是连锁经营。

4. 晋升机会

众所周知，麦当劳与一般企业不同的是，大部分员工都是兼职人员，所以没有人是"8小时"的正常班。因此，每个员工都要提前与经理沟通，让经理了解自己下星期可以上班的时间段，以便提前排好下星期的班。当然，排好班以后如果想改，还可以和当班经理进行沟通，偶尔可以请假或者让别人替自己上班。员工在熟悉一个岗位以后，可以申请再学习其他的工作岗位，经理也会主动帮助安排。当你学会了所有岗位的工作，加上平时积极和良好的工作表现，你就可以得到晋升的机会，也就是可以去学习一些管理方面的实践知识了。麦当劳里面的管理层人员，有相当一部分是从普通服务员做起，通过努力一步一步晋升的。

（资料来源：http://www.docin.com/p_441217937.html）

分组讨论

1. 麦当劳为什么不用"天才"？
2. 麦当劳对于兼职员工是如何实施激励的？

案例2-2　艾威梯公司的人际沟通

艾威梯科技（北京）有限公司，1999年开始做蓝牙，从最初的7个人发展到今天的135人；1999年11月推出全球第一个蓝牙协议栈，现在已经有了比较稳固的产品线，Bluesoleil PC累计出货接近2 000万套，Bluesoleil CE出货接近200万套；2000年开始给台湾公司 GVC 做蓝牙 Modem，发展到今天，逐步拥有了自己的 PSTN AP，可以完成固网和移动网的融合；2003 年年底到 2004 年年初，中标上海电信蓝牙系统，现在已经完成自主研发的 GSM/CTP 手机。

软件开发人才的流失是这一行业的企业非常头疼的问题，但是艾威梯科技（北京）有限公司，近一年的人才流失率不到 1%，也就是说 2007 年公司仅仅有一名员工离职。稳定的组织人员结构，带来了企业稳定的发展。在即将结束的 2007 年，公司预计实现利润较 2006 年翻两番。

艾威梯的创办者，现任 CEO 高强博士说："实行人性化的管理模式，是我们快速发展的关键。"

在艾威梯，同事之间、上下级之间见面打招呼都是直呼其名，对于这一点，高强自然有他自己的理解。他认为，平等的人际关系能有效地消除因为职务等级而带来的员工之间的隔阂，直呼其名是建立平等地位的最有效的途径，于是他极力推行着这一制度。有时候，他的员工会在中午热饭的时候收到他给他们的"惊喜"，他会轻轻地走到员工背后，拍拍他们的肩膀唠起了家常。

同时，高强还加强了公司内部的沟通，他认为多层次的沟通渠道是建立平等的员工关系的另外一条重要的途径。电子邮件是公司办公的一个重要载体，公司有什么事情要通知，或者员工有什么想法、意见等都可以通过内部邮箱传达给任何一个他想传达的人；公司还要求每位员工申请 MSN，这样能更快捷地实现员工之间的沟通；定期的例会、学习讨论都能让大家无话不谈；此外，一些非正式的组织，比如羽毛球爱好者、游泳俱乐部、瑜伽会馆等都成为员工之间建立友好、平等关系的桥梁。

（资料来源：http://blog.sina.com.cn/s/blog_458899c20101ap9f.html，有改动。）

分组讨论

结合所学的中西方的人力资源管理思想，谈谈艾威梯公司在人际沟通方面的做法。

三、管理实战演练

分组调查当地某个组织，了解现代人力资源管理的思想、方法在该组织的运用情况，并运用所学的知识作出分析，写出分析报告。

▶▶ **相关链接**

人力资源管理外包后 HR 工作者该如何转型？

从目前来看，人力资源外包的发展大有星火燎原之势，于是很多人力资源工作者开始担心这样一个问题：人力资源管理工作外包之后，人力资源工作者将何去何从？是要转行做外包工作呢还是到咨询业去发展？

事实上，HR 外包只是起着一种"减压器"的作用。如前所述，企业并不是全部把

HR管理职能外包出去,而是有选择的外包。企业会把一些重复的、烦琐的、事务性的工作,不涉及企业秘密的技能性培训工作,高层次人才招聘的物色工作,社会福利管理等工作外包给专业机构,让他们完成一些前期的或者例行的工作,而对其他一些涉及公司机密的工作或核心职能依然会由企业内部的HR部门管理,所以,不存在"人力资源工作者将失业"这一可能。据有关调查显示,大部分人力资源经理对于HR管理实行部分外包持肯定态度。

人力资源外包的存在,更多的意义在于将人力资源部门从他们所必须应该完成的法定性、事务性、烦琐性的工作中解脱出来,从而把精力投入到更有价值的方面——专注于人力资源战略规划和开发,为企业人力资源增值,向更高境界发展。随着经济全球化的发展,企业竞争也日益激烈,而竞争的核心最终就是人才竞争,因此,人力资源部门无疑将成为企业决策者最重要的智囊团。只是HR部门的管理职能将会有所变化,即从日常烦琐的工作中逐步解脱出来,集中精力于企业更高层次的人力资源发展与管理。而这对从事人力资源管理的人员也提出了更高的要求,必须实现向以下几个角色的转变:一是企业的策略伙伴;二是文化和价值的塑造者;三是具有影响力的咨询提供者。此外,人力资源从业人员除了有专业上的深度外,还应该多增加自己的广度,略懂业务行销、资讯工程或其他知识,从而能够扮演一个真正的企业伙伴,站在企业的战略高度来进行人力资源规划等工作。

(资料来源:http://blog.sina.com.cn/s/blog_597a4c1c0100agtm.html,有改动。)

模块二 获取合适的人力资源

Two 2

项目三　制定人力资源规划

项目四　实施工作分析

项目五　招聘与录用合适的员工

项目三 ■ 制定人力资源规划

知识目标

1. 掌握人力资源规划的概念及作用；
2. 掌握人力资源规划的程序；
3. 掌握人力资源需求预测及供给预测的方法；
4. 掌握人力资源平衡的方法。

技能目标

1. 能够对组织中的人力资源需求和供给情况进行预测；
2. 能够为组织制定短期人力资源规划，了解中长期人力资源规划。

引导案例

苏澳公司的人力资源规划

近年来苏澳公司常为人员空缺所困惑，特别是经理层次人员的空缺常使得公司陷入被动的局面。苏澳公司最近进行了公司人力资源规划。公司首先由四名人事部的管理人员负责收集和分析目前公司对生产部、市场部、财务部、人事部四个职能部门的管理人员和专业人员的需求情况以及劳动力市场的供给情况，并预测各职能部门内部可能出现的关键职位空缺数量。

上述结果用来作为公司人力资源规划的基础，同时也作为直线管理人员制订行动方案的基础。但是在这四个职能部门里制订和实施行动方案的过程是比较复杂的，因为这一过程会涉及不同的部门，需要各部门的通力合作。例如，生产部经理为制订将本部门A员工的工作轮换到市场与销售部的方案，则需要市场部提供合适的职位，人事部做好相应的人事服务（如财务结算、资金调拨等）。职能部门制订和实施行动方案过程的复杂性也给人事部门进行人力资源规划增添了难度。

苏澳公司的四名人事管理人员克服种种困难，对经理层管理人员的职位空缺作出了较准确的预测，并制定详细的人力资源规划，使得该层次上的人员空缺减少了50%，跨地区的人员调动也大大减少。另外，从内部选拔工作任职者人选的时间也减少了50%，并且保证了人选的质量，合格人员的漏选率大大降低，使人员配备过程得到了改进。人力资源规划还使得公司的招聘、培训、员工职业生涯计划与发展等各项业务得到改进，节约了人力成本。

苏澳公司取得上述进步，不仅仅是得益于人力资源规划的制定，还得益于公司对人力资源规划的实施与评价。在每个季度，高层管理人员会同人事咨询专家共同对上述四名人事管理人员的工作进行检查评价。这一过程按照标准方式进行，即这四名人事管理人员均要在以下几个方面做出书面报告：各职能部门现有人员；人员状况；主要职位空缺及候选人；其他职位空缺及候选人；多余人员的数量；自然减员；人员调入；人员调出；内部变动率；招聘人数；劳动力其他来源；工作中的问题与难点；组织问题及其他方面（如预算情况、职业生涯考察、方针政策的贯彻执行等）。同时他们必须指出这些方面与预测（规划）的差距，并讨论可能的纠正措施。通过检查，一般能够对下季度在各职能部门应采取的措施达成一致意见。在检查结束后，这四名人事管理人员则对他们分管的职能部门进行检查。在此过程中，直线经理重新检查重点工作，并根据需要与人事管理人员共同制订行动方案。当直线经理与人事管理人员发生意见分歧时，往往可通过协商解决。行动方案上报上级主管审批。

（资料来源：http://www.docin.com/p-1162013794.html，有改动。）

第一讲　人力资源规划概述

随着企业环境变化的不断加剧，为降低未来的不确定性，更好地帮助企业应付未来的变化，解决和处理复杂的问题，人力资源管理应首先进行人力资源规划这项工作，这是人力资源管理的基础。

一、人力资源规划的概念

人力资源规划是指在组织战略目标基础上，科学预测组织未来的人力资源供给与需求状况，并制定必要的人力资源获取、利用、保持和开发策略，确保组织对人力资源在数量上和质量上的需求。

一般来说，关于人力资源规划的理解，主要有以下三个层次的意思。

（1）确保组织和部门在需要的时间和岗位上获得适合的人员，并使组织和个人得到长期的益处。

（2）在满足组织目标和员工目标最大程度一致的情况下，使人力资源的供给和需求达到平衡。

(3) 分析组织在环境变化中的人力资源需求状况，并制定必要的政策和措施以满足这些要求。有效的人力资源规划是通过对企业在不同时期、不同内外环境、不同企业战略目标下人力资源供求的预测，来确保企业对人力资源需求的满足，以保障企业战略目标的实现。

二、人力资源规划的分类

1. 按照规划设计范围可以分为总体规划和专项业务规划

总体规划是有关计划期内人力资源开发利用的总目标、总政策、实施步骤及总体预算的安排。

专项业务规划是总体规划的展开与具体化，保证总体规划目标的实现。具体包括人员配备计划、退休解聘计划、人员补充计划、人员使用计划、人员培训开发计划、人员职业生涯计划、绩效与薪酬福利计划、劳动关系计划等。

2. 按照规划时间可以分为长期人力资源规划、中期人力资源规划和短期人力资源规划

长期人力资源规划（5年以上）。由于时间比较长，对各种因素不可能作出准确的预测，因此这类规划往往是指导性的，在具体实施时要随着内外部环境的变化而不断调整，具有强烈的战略色彩。

中期人力资源规划（1~5年）。界于长期和短期之间，具有一定的指导性，是长期规划的具体落实，往往具有战术性的特点。

短期人力资源规划（1年以内）。由于时间较短，因此目标比较明确，内容也比较具体，操作性比较强。

三、人力资源规划的作用

1. 有利于组织制定战略目标和发展规划

人力资源规划是组织发展战略的重要组部分，同时也是实现组织战略目标的重要保证。

2. 确保组织生存发展过程中对人力资源的需求

人力资源部门必须分析组织人力资源的需求和供给之间的差距，制定各种规划来满足对人力资源的需求。

3. 有利于人力资源管理活动的有序化

人力资源规划是企业人力资源管理的基础，它由总体规划和各种业务计划构成，为管理活动（如确定人员的需求量、供给量，调整职务和任务、培训等）提供可靠的信息和依据，进而保证管理活动的有序化。

4. 有利于控制人力资源成本

人力资源规划有助于检查和测算出人力资源规划方案的实施成本及其带来的效益。

通过人力资源规划预测组织人员的变化，调整组织的人员结构，把人工成本控制在合理的水平上，这是组织持续发展不可缺少的环节。

第二讲 人力资源规划的程序

人力资源规划的程序即人力资源规划的过程，一般可分为以下几个步骤：收集有关信息资料、人力资源需求预测、人力资源供给预测、确定人力资源净需求、编制人力资源规划、实施人力资源规划、人力资源规划评估与反馈，如图3-1所示。

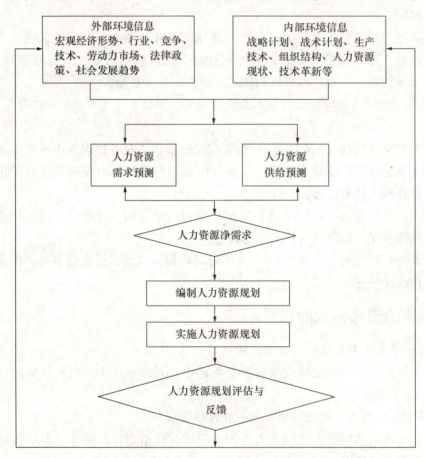

图3-1 人力资源规划的程序

一、收集有关信息资料

人力资源规划的信息包括组织外部环境信息和组织内部环境信息。

组织外部环境信息主要包括宏观经济形势和行业经济形势、技术的发展情况、行业的竞争性、劳动力市场、人口和社会发展趋势、政府的有关政策等。这些信息会影响组织人力资源的需求和供给。

组织内部环境信息主要包括两类：一是组织环境信息，如组织的战略计划、战术计划、行动方案、生产技术、组织结构、组织文化等；二是组织人力资源现状，即组织现有人力资源的数量、质量、结构和潜力等。

二、人力资源需求预测

人力资源需求预测是依据组织的发展战略目标及岗位要求，综合考虑各种因素，对未来组织所需员工的数量和质量进行估计的活动，包括短期预测和长期预测，总量预测和各个岗位需求预测。

人力资源需求预测的典型步骤如下：
(1) 现实人力资源需求预测；
(2) 未来人力资源需求预测；
(3) 未来人力资源流失情况预测；
(4) 得出人力资源需求预测结果。

三、人力资源供给预测

人力资源供给预测是对组织将来一段时间内可能得到的员工数量和质量的预测。根据供给来源不同，可分为组织内部供给预测和外部供给预测。

人力资源供给预测的典型步骤如下：
(1) 内部人力资源供给预测；
(2) 外部人力资源供给预测；
(3) 将组织内部人力资源供给预测数据和组织外部人力资源供给预测数据汇总，得出组织人力资源供给总体数据。

四、确定人力资源净需求

在对员工未来的需求与供给预测数据的基础上，将本组织人力资源需求的预测数与在同期内组织本身可供给的人力资源预测数进行对比分析，从比较分析中可测算出各类人员的净需求数。这里所说的"净需求"既包括人员数量，又包括人员的质量、结构，即既要确定"需要多少人"，又要确定"需要什么人"，数量和质量要对应起来。这样就可以有针对性地进行招聘或培训，就为组织制定有关人力资源的政策和措施提供了依据。

五、编制人力资源规划

根据组织战略目标及本组织员工的净需求量，编制人力资源规划，包括总体规划和各项业务计划。同时要注意总体规划和各项业务计划及各项业务计划之间的衔接和平衡，提出调整供给和需求的具体政策和措施。一个典型的人力资源规划应包括：规划的时间段、计划达到的目标、情景分析、具体内容、制定者、制定时间。

1. 规划的时间段

确定规划时间的长短，要具体列出从何时开始，到何时结束。若是长期的人力资源规划，可以长达 5 年以上；若是短期的人力资源规划，如年度人力资源规划，则为 1 年。

2. 计划达到的目标

计划达到的目标要与组织的目标紧密联系起来，最好有具体的数据，同时要简明扼要。

3. 情景分析

目前情景分析：主要是在收集信息的基础上，分析组织目前人力资源的供需状况，进一步指出制订该计划的依据。

未来情景分析：在收集信息的基础上，在计划的时间段内，预测组织未来的人力资源供需状况，进一步指出制订该计划的依据。

4. 具体内容

这是人力资源规划的核心部分，主要包括以下几个方面：

(1) 项目内容；

(2) 执行时间；

(3) 负责人；

(4) 检查人；

(5) 检查日期；

(6) 预算。

5. 制定者

规划制定者可以是一个人，也可以是一个部门。

6. 制定时间

规划制定时间主要是指该规划正式确定的日期。

六、实施人力资源规划

人力资源规划的实施，是人力资源规划的实际操作过程，要注意协调好各部门、各环节之间的关系，在实施过程中需要注意以下几点：

(1) 必须要有专人负责既定方案的实施，要赋予负责人拥有保证人力资源规划方案实现的权力和资源；

(2) 要确保不折不扣地按规划执行；

(3) 在实施前要做好准备；

(4) 实施时要全力以赴；

(5) 要有关于实施进展状况的定期报告，以确保规划能够与环境、组织的目标保持一致。

七、人力资源规划评估与反馈

在实施人力资源规划的同时,要进行定期与不定期的评估。评价人力资源规划好坏的标准主要有以下两个方面。

1. 人力资源规划必须与组织所处的内外部环境相一致

(1) 与组织的外部环境相一致,包括经济、政治、法律、社会、技术等环境;

(2) 与组织的发展战略相一致;

(3) 与组织的组织方式相一致;

(4) 与组织的文化特征相一致;

(5) 与组织的人力资源特征,包括员工的性别、年龄、教育程度、专业技术结构相一致。

2. 人力资源规划本身是否合理,包括人力资源规划目标是否合理,规划时间是否合理等

在对人力资源规划进行评估时,一定要注意客观、公正和准确,评估时一定要征求部门经理和基层管理者的意见。评估结果出来后,应进行及时的反馈,进而对原规划的内容进行适时的修正,使其更符合实际,更好地促进组织目标的实现。

第三讲 人力资源需求预测

人力资源需求预测是依据企业的发展目标、组织能力及岗位要求,综合考虑各种因素,对企业在未来某一特定时期内所需要的人力资源的数量、质量以及结构进行估计的活动。人力资源需求预测是人力资源规划的核心内容,是制定人力资源规划的基础。

一、人力资源需求预测的影响因素

影响人力资源需求预测的因素很复杂,有社会、政治、经济方面的因素,还有企业战略、经营状况、管理水平及员工素质等因素。

(1) 外部因素:经济、社会、政治、法律、技术、竞争者等。企业直接预测这些因素难度比较大,一般可以从国家主管部门和专业咨询机构获得相关信息。

(2) 内部因素:战略规划、预算、组织变革、工作流程与设计等。

(3) 人力资源自身因素:辞职与解聘、退休与死亡、休假等。

二、人力资源需求预测的方法

人力资源需求预测的方法主要有两大类。第一类是定性预测法,主要包括主观判断法和德尔菲法;第二类是定量预测法,主要包括回归分析法、趋势预测法和比

例预测法。

（一）定性预测法

1. 主观判断法

这是最简单的一种方法，是由管理人员凭借自己以往的工作经验和直觉，对未来所需要的人力资源进行估计。在实际操作中，一般先由各个部门的负责人根据本部门未来一段时间内工作量的情况来预测本部门的人力资源需求，然后再汇总到组织最高领导层那里进行平衡，最终再确定组织的总需求。

这种方法完全凭借管理者的经验，因此在预测时要求管理人员具备丰富的经验。并且这种方法主要适用于规模较小或经营环境稳定、人员流动不大的组织。

2. 德尔菲法

德尔菲法是邀请某一领域的一些专家或有经验的管理人员对某一问题进行预测，经过多轮反馈并最终达成一致意见的结构化方法，该方法也称作专家预测法。在实施德尔菲法时应注意下面几个问题：

（1）专家组的人数应该根据问题的重要性和复杂性确定，人数越多，片面性越小，当然形成一致意见的时间也越长。

（2）专家发表意见时，采取匿名形式，即所谓"背靠背"方式，以避免从众行为，因此需要一个协调者在专家之间进行信息传递、归纳和反馈。

（3）要给专家提供充分的资料和信息，使他们能够进行判断和预测。

（4）问卷设计应当清晰简洁，保证专家从同一角度理解问题，避免造成误解和歧义。

德尔菲法的主要优点一是避免了人际关系和群体压力，二是避免了将所有专家在同一时间集中在同一地方的难题。

德尔菲法的主要缺点一是在选择合适的专家方面比较困难，二是征询意见和反馈过程比较复杂，花费时间较长，对于需要快速判断的预测难于使用。

（二）定量预测法

1. 回归分析法

这种方法源于统计学。由于人力资源的需求总是受某些因素的影响，回归分析法就是要找出那些与人力资源需求关系密切的因素，并依据过去的资料确定它们之间的关系，建立回归方程，然后根据这些因素的变化预测未来的人力资源需求。

$$Y = a_0 + a_1 X_1 + a_2 X_2 + \cdots + a_n X_n + \varepsilon$$

上式中，Y 是因变量；X 是自变量；a_i（$i=1,\cdots,n$）是回归参数，n 是自变量的个数。当 $n=1$ 时，该方程为一元回归方程；当 $n>1$ 时，该方程为多元回归方程；ε 为随机干扰项。由于多元回归方程的建立比较复杂，为了便于操作，在实践中往往采用一元回归方程即线性回归方程来进行预测。

例如，某家医院使用回归分析法预测明年护士的需求数量，经过对相关数据进行统计分析后发现病床数与护士的需求量之间的相关程度较高。医院的人力资源经理找来了自己医院和其他医院病床数以及护士数的数据（如表 3-1 所示）。

表 3-1　病床数和护士数的数据

样本数	1	2	3	4	5	6	7
病床数	200	300	400	500	600	700	800
护士数	180	270	345	460	550	620	710

将病床数设为自变量 X，护士数设为因变量 Y，样本数设为 n，X、Y 之间的线性关系可以表示为 $Y = a + bX$，根据下面公式分别计算 a 和 b：

$$a = \sum Y/n - b \sum X/n$$

$$b = \frac{n(\sum XY) - \sum X \sum Y}{n(\sum X^2) - (\sum X)^2}$$

将表 3-1 的数据代入公式，求得 $a = 2.321$，$b = 0.891$，建立回归方程 $Y = 2.321 + 0.891X$，也就是说每增加一个床位，就要增加 0.891 个护士。

由于医院准备明年将病床数增加到 1 000 个，所以需要的护士数就是：

$$Y = 2.321 + 0.891 \times 1\,000 = 893.321 \approx 894 \text{（人）}$$

2. 趋势预测法

趋势预测是根据企业过去若干年份的人员数量和变化趋势，预测企业未来某一时期的人力资源需求量。趋势预测法的具体步骤是，首先收集企业在过去几年内人员数量的数据，并且用这些数据作图，然后用数学方法修正，使其成为一条平滑的曲线，将这条曲线延长就可以看出未来的变化趋势。在实践中，往往将这种趋势简化为直线关系。

例如，某公司过去 8 年人员的数据如表 3-2 所示，请预测今后第二年和第四年人力资源的需求是多少。

表 3-2　某公司过去 8 年的人员数量

年度	1	2	3	4	5	6	7	8
人数	450	455	465	480	485	490	510	525

首先，我们根据过去几年人员的数量来分析公司人员数量的变化趋势，如果假设是一种线性变化，人数是变量 Y，年度是变量 X，样本数 $n = 8$，那么根据下面的公式可以分别计算出 a 和 b：

$$a = \sum Y/n - b \sum X/n$$

$$b = \frac{n(\sum XY) - \sum X \sum Y}{n(\sum X^2) - (\sum X)^2}$$

$$a = 435.357 \quad b = 10.476$$

由此得出，趋势线可以表示为 $Y = 435.357 + 10.476X$，也就是说每过一年，企业的人力资源需求要增加 10.476，通常取整数 11。这样就可以预测今后第二年和第四年的人力资源需求分别是：

第二年： $Y = 435.357 + 10.476 \times (8 + 2) = 540.117 \approx 541$（人）

第四年： $Y = 435.357 + 10.476 \times (8 + 4) = 561.069 \approx 562$（人）

所以今后第二年人力资源的需求为 541 人，第四年人力资源的需求为 562 人。

3. 比例预测法

比例预测法是基于对员工个人生产效率的分析而进行的一种预测方法，进行预测时，首先要计算人均生产效率，然后根据企业未来业务量预测对人力资源的需求，即：

$$\text{所需人力资源} = \frac{\text{未来业务量}}{\text{目前人均生产效率}(1 + \text{生产效率的变化率})}$$

使用这种方法进行预测时，需要对未来的业务量、人均生产效率及其变化做出准确的估计，这样对人力资源的预测才会比较符合实际。

比例预测法还可以做进一步的延伸，利用各类人员之间的比例关系，根据已知的某类人员的数量来预测对其他人员的需求。例如，已知老师和教学辅助人员之间的比例为 10∶1，学校准备在今后 3 年内使教师数量达到 500 人，对教学辅助人员的需求就是 50 人。当然，使用这种方法进行预测时，要求人员之间的比例关系比较稳定。

第四讲　人力资源供给预测

人力资源供给预测是指对未来某一时期内能够供给企业的人力资源的数量和质量以及结构进行估计。一般来说，人力资源供给包括内部供给和外部供给两个来源，内部供给是从企业内部劳动力市场提供的人力资源；外部供给则是从企业外部劳动力市场提供的人力资源。

一、外部人力资源供给预测

当企业内部的人力资源供给无法满足需要，或是管理者需要改变企业文化，或引进某些专业人才时，都需要通过外部的劳动力市场解决人员的补充问题。由于外部供给在大多数情况下不能被企业直接掌握和控制，因此对外部供给进行预测主要是分析影响外部供给的因素，从而对外部供给的有效性和变化趋势进行预测。

影响外部人力资源供给的主要因素有以下几个。

(1) 人口政策及人口现状。人口现状直接决定了企业现有外部人力资源的供给状况，其主要影响因素包括人口规模、人口年龄和素质结构，现有的劳动力参与率等。

(2) 劳动力市场发育程度。社会劳动力市场发育良好，将有利于劳动力自由进入市场，由市场工资率引导劳动力的合理流动；劳动力市场发育不健全，以及双轨制的就业政策，势必影响人力资源的优化配置，也给企业预测外部人员供给带来困难。

（3）社会就业意识和择业心理偏好。社会就业意识和择业心理偏好会影响企业的外部人力资源获取。例如，一些城市失业人员宁愿失业也不愿从事一些苦、脏、累、险的工作。再如，应届大学毕业生普遍存在对职业期望过高的现象，大多数人希望进国家机关、大公司或合资企业工作，希望从事工作条件舒适、劳动报酬较高的职业，而不愿意到厂矿企业从事一般岗位的工作。

（4）企业的吸引力。企业的吸引力包括薪酬福利、企业文化、工作的挑战性、工作环境等。分析企业的吸引力时，不仅要看绝对水平，更重要的是看相对水平，即与竞争对手相比的吸引力，并且不同的人员，对企业吸引力因素的评价也不同。

二、内部人力资源供给预测

由于内部人力资源供给来自于企业内部，因此企业在预测期内所拥有的人力资源就形成了内部供给的全部来源。分析内部人力资源供给，主要是了解企业内部人力资源的优劣势，除分析现状外，还要预测未来的状况。常用的预测方法主要有以下几种。

1. 技能清单法

技能清单是一个用来反映员工工作能力特征的列表，这些特征包括培训背景，以前的经历，持有的证书，已经通过的考试，主管的能力评价等。技能清单能够反映员工的竞争力，可以用来帮助人力资源部门估计现有员工调换工作岗位的可能性的大小，决定有哪些员工可以补充组织当前的空缺。组织的人力资源规划不仅要保证为企业的空缺岗位提供相应数量的员工，同时还要保证这些员工的质量。技能清单可用于晋升人选的确定、职位调动、对特殊项目的工作分配、培训、职业生涯规划等方面。表3-3就是技能清单的一个例子。

表3-3 技能清单的示例

姓名：		部门：		科室：	工作地点：		填表时间：
到岗时间：			出生年月：		婚姻状况：		职称：
教育背景		类别	学位种类	毕业时间		学校	专业
		高中					
		大学					
		硕士					
		博士					
培训背景		培训主题		培训机构	培训时间		培训效果

续 表

技能	技能种类		证书	
志向	你是否愿意担任其他类型的工作？		是	否
	你是否愿意调到其他部门去工作？		是	否
	你是否愿意接受工作轮换以丰富工作经验？		是	否
	如果可能，你愿意担任哪种工作？			
你认为自己需要接受何种培训？		改善目前的技能和绩效		
		提高晋升所需要的经验和能力		
你认为自己现在可以接受哪种工作指派？				

2. 人员替换法

人员替换法是通过一张人员替换图来预测企业内部的人力资源供给，如图3-2所示。框内名字代表可以接替职位的人，字母和数字含义如下：

A 表示可以晋升，B 表示需要培训，C 表示不适合该职位。1 表示优越，2 表示良好，3 表示普通，4 表示欠佳。

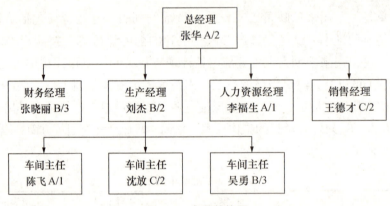

图3-2 人员替换图

在图3-2中，每个职位都可能存在工作空缺，而该职位下的每个员工均是潜在的供给者。人员替换法是以员工的绩效作为预测的依据，当某员工绩效很高时，可能会晋升；而当某员工绩效太差时，可能会被调岗或辞退。这两种情况都会产生职位空缺，其工作可以由其下属替代。通过人员替换法可以及时发现可能出现的职位空缺，并且能够预测企业人员需求。

3. 企业员工统计

企业员工统计包括人数统计和结构统计，员工人数统计是在一定时期内整个企业或部门每天在职员工总人数；员工结构统计是在一定时期内整个企业或部门的在职员工按照一定标志进行的构成统计。

（1）月平均人数。月平均人数是计算月内平均每天拥有的人数。

$$月平均人数 = \frac{计算月内每天实际人数之和}{计算月内的日历天数}$$

在计算月平均人数时应注意：一是公休日与节假日的人数按前一天人数计算；二是对新建不满全月的单位，应以其建立后各天实际人数之和除以报告期日历日数。

（2）季平均人数。季平均人数是计算季内平均每天拥有的人数。

$$季平均人数 = \frac{计算季内各月平均人数之和}{3}$$

（3）年平均人数。年平均人数是指计算年内平均每天拥有的人数，是以12个月的平均人数相加之和除以12求得，或是以4个季度平均人数之和除以4。

$$年平均人数 = \frac{计算年内12个月平均人数之和}{12}$$

或

$$年平均人数 = \frac{计算年内4个季度平均人数之和}{4}$$

（4）员工性别构成统计。

$$女性比重 = \frac{女性员工人数}{员工总数} \times 100\%$$

$$男性比重 = \frac{男性员工人数}{员工总数} \times 100\%$$

$$性别比 = \frac{男性员工人数}{女性员工人数} \times 100\%$$

$$= \frac{男性比重}{女性比重} \times 100\%$$

（5）员工年龄构成统计。针对特定的岗位或部门，按年龄对员工进行分组。

以某公司计算机技术开发部门为例，以5岁为一个组，对该部门2011—2015年的员工进行分组，具体见表3-4。

表3-4　某公司计算机技术开发部门的员工年龄结构表

年龄组（周岁） 年份	2011	2012	2013	2014	2015
20～25	8	10	10	16	20
26～30	8	8	8	12	16
30～35	4	4	4	2	2
36～40	2	2	0	0	0

其中，2011年该部门20～25岁年龄组的员工比率为该部门年龄组的员工人数除以2011年该部门员工总人数，即 $8/(8+8+4+2) \approx 0.36$，其余年龄组的员工比率以此类推。

（6）员工学历构成统计。

$$员工平均受教育年限 = \frac{(\sum 受教育年限 \times 员工人数)}{员工总人数}$$

(7) 员工职业资格结构统计。

$$员工平均技术等级 = \frac{(\sum 技术等级 \times 员工人数)}{员工总人数}$$

按照计算公式可以算出，初级工的比重 = (初级工人数/总人数) × 100% = 12.5%，以此类推得表 3-5。

工人平均等级 = (234×5 + 521×4 + 680×3 + 309×2 + 126×1)/1 870 ≈ 3.23

表 3-5 某企业工人技术等级表

技术等级	初级工（国家职业资格五级）	中级工（国家职业资格四级）	高级工（国家职业资格三级）	技师（国家职业资格二级）	高级技师（国家职业资格一级）	合计
人数（人）	234	521	680	309	126	1 870
比重（%）	12.5	27.9	36.4	16.5	6.7	100

4. 企业工时利用统计

(1) 工作时间的构成。

① 日历时间。日历时间是整个时间资源的总量，是员工工作时间的自然极限。

② 制度公休时间。制度公休时间是指法定的公休日和节假日。我国的法定休息日全年共有 104 天，全民节假日 11 天，我国的制度公休时间 115 天。

③ 制度工作时间。制度工作时间是指法定工作时间。它反映出最大可能利用的工作时间，是考核企业工作时间利用程度充分与否的标准。

④ 缺勤时间。缺勤时间是指在制度工作时间内由于个人的原因没有上班的时间。缺勤时间分为全日缺勤和非全日缺勤两类，前者是指员工在一个工作日中都未上班；后者是指员工在一个工作日中仅有几个小时未上班，其他时间上班。

⑤ 出勤时间。出勤时间是指在制度工作时间内实际上班的时间。

⑥ 停工时间。停工时间是指在制度规定的工作时间内，由于企业的原因造成员工上班但没有从事生产活动的时间。如由材料供应中断、动力不足、检修设备、任务安排不足、等待图样和设计更改等原因造成员工无法从事生产作业活动的时间。但是如果企业事先预知这些原因，将公休日与工作日调换使用，则工作日休息不算停工时间，公休日工作不算加班时间。

停工时间又分为停工被利用时间和停工损失时间。停工被利用时间是指停工后员工被安排从事非本职的其他生产性工作所占用的时间。停工损失时间是企业为避免或减少经济损失，积极组织安排员工从事非生产性活动，这部分时间不能计入停工被利用时间。

⑦ 非生产时间。非生产时间是指在制度工作时间内，员工出勤后由于性质原因安排其从事非生产性活动。如占用生产时间的选举，党团组织活动、开会、参观和各种公益活动等。

⑧ 制度内实际工作时间。制度内实际工作时间是指在规定时间内，员工出勤后实际从事生产作业活动的时间，他是工作时间的核心部分。实际工作时间是指制度内从

事本职工作时间和停工被利用时间之和。即在规定的工作时间内实际从事本职生产性工作的时间与停工被利用从事其他非本职生产性时间之和。

⑨ 加班时间。加班时间是指在规定工作时间以外，由于生产经营活动的需要，企业安排员工实际从事生产作业活动的时间。

⑩ 全部实际工作时间。全部实际工作时间是指员工在规定工作以内和以外，实际从事生产作业活动的时间总和。

以上各种工作时间指标之间的关系如表 3-6 所示。

表3-6　工作时间构成

日历时间						
制度公休时间	制度工作时间					
	出勤时间					缺勤时间
实际公休时间	加班时间	制度内从事本职工作时间	停工时间		非生产时间	
			停工被利用时间	停工损失时间		
		制度内实际工作时间				
	全部实际工作时间					

(2) 工作时间利用程度分析。

① 出勤率指标。出勤率表明员工在制度规定的工作时间内实际出勤工作的程度。

$$出勤率 = \frac{实际出勤工时}{制度工作工时} \times 100\%$$

② 出勤时间利用率指标。初期时间利用率亦称作业率，它是反映员工在出勤时间内实际工作工时及其被利用情况的指标。

$$出勤时间利用率 = \frac{实际工作工时}{出勤工作时间} \times 100\%$$

③ 制度工时利用率指标。制度工时利用率反映在制度规定的工作时间内实际用于生产作业的程度。

$$制度工时利用率 = \frac{实际工作工时总数}{制度工作工时总数} \times 100\%$$

$$= 出勤率 \times 出勤时间利用率$$

④ 工作负荷率。工作负荷率是指员工实际工作时间占制度工作时间的比率，反映员工制度工作时间实际被利用的程度，它在一定程度上体现了员工所承担和完成工作量的大小。

$$工作负荷率 = \frac{实际工作时间}{制度工作时间} \times 100\%$$

⑤ 工作日利用率指标。工作日利用率是说明在计算期内平均一个员工一个工作日实际从事生产作业的活动的程度。

$$工作日利用率 = \frac{制度工作日实际长度}{制度工作日长度} \times 100\%$$

$$制度工作日实际长度 = \frac{制度内实际工作工时总数}{制度内实际工作日总数}$$

⑥ 工作月利用率指标。工作月利用率是一个企业的员工平均每人（在一个月）实际工作天数和制度规定天数的比值，说明员工工作月的利用程度。

$$工作月利用率 = \frac{制度工作月实际长度}{制度工作月规定长度} \times 100\%$$

其中，工作月实际长度是指平均每个员工一个月实际从事生产作业的天数。

⑦ 加班时间指标。加班时间指标包括加班比重指标、加班强度指标和平均加班长度指标。

加班比重指标。加班比重指标是反映加班在全部实际工作时间内所占比重的指标。

$$加班比重指标 = \frac{计算期加班工时}{计算期全部实际工作工时} \times 100\%$$

加班强度指标。加班强度指标是指计算期加班工时与计算期制度内实际工作工时的比率。

$$加班强度指标 = \frac{计算期加班工时}{计算期制度内实际工作工时} \times 100\%$$

平均加班长度指标。平均加班长度指标是指加班工时与同时期制度内实际工作日的比率。表明平均每个工作日实际加班长度，即超时工作的时间。

$$平均加班长度指标（工时/工日） = \frac{计算期加班工时}{计算期制度内实际工作工时} \times 100\%$$

第五讲 编制与执行人力资源规划

当企业人力资源需求和供给预测完成后，人力资源管理人员根据对供求数据进行比较，从而确定人力资源净需求，制定人力资源平衡策略。人力资源平衡策略是人力资源规划的重要内容，企业员工的供求平衡不仅要有数量上的平衡，更重要的是员工素质、类别等供求结构上的平衡。

一、人力资源供求预测比较结果

对企业人力资源需求和供给预测进行比较，可能会出现三种结果：① 人力资源供给和需求在数量、质量和结构等方面都平衡；② 供给和需求在数量上平衡，但结构不平衡；③ 供给和需求在数量上不平衡，即人力资源不足或人力资源过剩。在现实中，供求完全平衡的情况很少出现，常见的是第二种和第三种结果。

二、制定人力资源平衡策略

1. 制定人力资源供求结构性不平衡策略

结构性失衡是企业人力资源供求中较为普遍的一种现象，当出现人力资源结构性失衡时，企业需要对现有人力资源进行结构调整，如调岗、培训、招聘、辞退等，以保证人员结构平衡。

2．制定弥补人力资源不足的策略

当企业人力资源需求大于供给时，即人力资源短缺时，应制定相应的措施弥补人力资源不足。常用的措施有以下几种。

（1）重新调整企业各部门人员，将一些富余人员补充到空缺岗位上。

（2）培训一些企业内部员工，使他们能胜任人员短缺但又很重要的岗位。

（3）实行加班加点方案，适当延长工作时间。

（4）提高设备和员工的工作效率。

（5）招聘一些正式员工。

（6）适当招聘一些临时工和兼职人员。

（7）减少工作量或将部分业务转包或外包。

3．制定解决人力资源过剩的策略

当企业人力资源需求小于供给时，即人力资源富余时，应制定相应的措施克服人力资源过剩。常用的措施有以下几种：

（1）扩大有效业务量，例如，提高销量、提高产品质量、改进售后服务等。

（2）培训员工，部分富余员工可以通过培训提高自己的素质、技能和知识，以利于走上新的工作岗位。

（3）提前退休。

（4）降低员工工资或福利，其实质是可能间接地导致部分人员离职。

（5）工作分享。

（6）实行临时下岗或辞退员工。

（7）合并或关闭一些子公司。

在制定平衡人力资源供求平衡策略时，不可能是单一的供大于求或供小于求，往往是这几种情况同时存在，一些部门人员过剩，而另一些部门可能出现人员短缺。所以，企业应根据实际情况制定相应的策略，使各个部门人力资源在数量、质量以及结构等方面达到协调平衡。

知识检验

1．人力资源规划的含义及意义。
2．怎样进行人力资源规划？
3．人力资源需求预测的方法有哪些？
4．影响人力资源供给的因素有哪些？
5．解决人力资源短缺的方法有哪些？

管理技能转化

一、实际应用分析题

1. 对于规模较小的公司，有必要做人力资源规划吗？并说明你的理由。

2. "永久解雇只能作为迫不得已的最后手段。裁员会影响员工的士气，并最终导致组织更加不稳定。组织同时要对员工承担社会责任，并有必要要求员工找到能够降低成本的其他途径。"你同意还是反对这种说法？说明你的理由。

3. 某公司三年后人力资源预计总额是300万元/月，目前每人的平均工资是1000元/月，每人的平均资金是200元/月，每人的平均福利是720元/月，每人的平均其他支出是80元/月。若公司计划人力资源平均每年增加5%，则三年后需要的人力资源是多少？

4. 某公司目前的人力资源是500人，计划平均每年以15%的速度发展，计划人力资源发展与企业发展的百分比差异是10%，则3年后需要多少人力资源？

二、管理问题诊断与分析

案例3-1 五金制品公司的人力资源规划

冯如生几天前才调到五金制品公司的人力资源部当助理，就接受了一项紧迫的任务，要求他在10天内提交一份本公司5年的人力资源规划。虽然老冯从事人力资源管理工作已经多年，但面对桌上那一大堆文件、报表，不免一筹莫展。经过几天的整理和苦思，他觉得要编制好这个规划，必须考虑下列各项关键因素。

首先，是本公司现状。公司共有生产与维修工人825人，行政和文秘性白领职员143人，基层与中层管理干部79人，工作技术人员38人，销售人员23人。其次，据统计，近5年来职工的平均离职率为4%，没理由预计会有什么改变。不过，不同类别的职工的离职率并不一样，生产工人离职率高达8%，而技术人员和管理干部则只有3%。最后，按照既定的扩产计划，白领职员和销售员要新增10%～15%，工程技术人员要新增5%～6%，中基层干部不增也不减，而生产与维修的蓝领工人要增加5%。但是有一点特殊情况要考虑：最近本地政府颁布了一项政策，要求当地企业招收新职工时，要优先照顾妇女和下岗职工。本公司一直未曾有意排斥妇女或下岗职工，只要他们来申请，就会按同一标准进行选拔，并无歧视，但也未予以特殊照顾。如今的事实却是，销售员除1个人是女性外全是男性；中基层管理干部除两人是女性外，其余也都是男性；工程师里只有3个人是女性；蓝领工人中约有11%女性或下岗职工，而且都集中在最底层的劳动岗位上。

冯如生还有5天就得交出计划，其中，包括各类干部和职工的人数、从外界招收的各类人员的人数以及如何贯彻市政府关于照顾妇女与下岗人员政策的计划。此外，五金制品公司刚开发出几种有吸引力的新产品，所以预计公司销售额5年内会翻一番，冯如生还得提出一项应变计划以应付这类快速增长。

（资料来源：http://www.docin.com/p-1217623334.html，有改动。）

分组讨论

1. 冯如生在编制人力资源规划时要考虑哪些情况和因素？
2. 冯如生应该制订一项什么样的招工方案？
3. 在预测公司人力资源需求时，冯如生能采用哪些技术？

案例 3-2 鼎文酒店集团的扩张

背景

鼎文酒店集团最初只是一家普通的国有宾馆，由于地处国家著名旅游景点附近，故迅速发展壮大——原有宾馆已经推倒重建成为一家五星级大酒店。集团在此尝到甜头后，先后在四个旅游景点附近收购了四家三星级酒店。对于新收购的酒店，集团只是派去了总经理和财务部全班人马，其他人员都采取本地招聘的政策。因为集团认为服务员容易招到，而且简单培训就可以上岗，所以只是进行简单的面试，只要应聘者长相顺眼就可以，同时，为了降低人工成本，服务员的工资比较低。

问题

赵某是集团新委派的下属一家酒店的总经理，刚上任就遇到酒店西餐厅经理带着几名熟手跳槽的事情，他急忙叫来人事部经理商谈此事，人事部经理满口答应，立即解决此事。第二天，赵某去西餐厅视察，发现有的西餐厅服务员摆台时把刀叉经常摆错，有的人不知道如何开启酒瓶，领班根本不知道如何处理顾客的投诉。紧接着仓库管理员跑来告诉赵某说发现丢失了银质的餐具，怀疑是服务员小张偷的，但现在已经找不见小张了。赵某一查仓库的账本，发现很多东西都写着丢失。赵某很生气，要求人事部经理解释此事，人事部经理辩解说因为员工流动率太高，多数员工都是才来不到10天的新手，餐厅经理、领班、保安也是如此，所以做事不熟练，丢东西比较多。赵某忍不住问："难道顾客不投诉吗？"人事部经理回答说："投诉，当然投诉，但没关系，因为现在是旅游旺季，不会影响生意的。"赵某对于人事部经理的回答非常不满意，又询问了一些员工后，发现人事部经理经常随意指使员工做各种事情，例如，接送人事部经理的儿子上下学、给他的妻子送饭等。如果员工不服从，立即开除。赵某考虑再三，决定给酒店换血——重新招聘一批骨干人员，于是他给集团总部写了一份有关人力资源规划的报告，申请高薪从外地招聘一批骨干人员，并增加培训投入。同时，人事部经理也给集团总部写了一份报告，说赵某预算超支，还危言耸听造成人心惶惶，使管理更加困难，而且违背了员工本地化政策。

（资料来源：http://www.doc88.com/p-099209150482.html，有改动。）

分组讨论

1. 赵某的想法是否正确？酒店是否必须从外地雇用一批新的骨干人员？
2. 赵某应当采取哪些措施以解决酒店目前面临的问题？
3. 酒店的人力资源规划重点是什么？服务员是否需要进行培训，或者等到需要时再招聘？

4. 赵某应当与什么人一起完成酒店的人力资源规划？在进行人力资源规划的过程中，会遇到哪些问题？

三、管理实战演练

1. 某企业职工王鹏，7月份实际上班天数为25天（制度工作时间为22天），其中，有10天时间由于业务繁忙，每天工作时间为11个小时。

请计算7月份该职工的加班比重指标、加班强度指标和平均加班长度指标。

2. 访问某组织的高层领导，了解该单位的人力资源规划情况，并分析该规划是否存在问题，撰写调研报告并用PPT进行汇报。

人力资源管理表格

人力资源规划

单位：人

级别			人数规划				人员要求			
			现有	2016年	2017年	2018年	硕士	本科	大专	其他
主管人员	高层	财经								
		营销								
		生产								
		……								
	中层	财经								
		营销								
		生产								
		……								
	基层	财经								
		营销								
		生产								
		……								
	小计									
技术人员	高工									
	工程师									
	助工									
	技术员									
	其他									
	小计									

续 表

级别		人数规划				人员要求			
		现有	2016 年	2017 年	2018 年	硕士	本科	大专	其他
工人	机工								
	电工								
	维修								
	环保								
	……								
	小计								
合 计									

年度人员需求估计

年　单位：人

项目 级别		学历				到位月份												需求原因
		硕士	本科	大专	其他	1	2	3	4	5	6	7	8	9	10	11	12	
主管人员	高层																	
	中层																	
	基层																	
	小计																	
技术人员	高工																	
	工程师																	
	助工																	
	技术员																	
	小计																	
工人	机工																	
	电工																	
	小计																	

续 表

项目\\级别	学历				到位月份												需求原因
	硕士	本科	大专	其他	1	2	3	4	5	6	7	8	9	10	11	12	
其他人员																	
合计																	

制表：　　　　复核：

▶▶ 相关链接

如何制定企业人力资源规划

人力资源规划是企业人力资源管理的方向，也是人力资源部的工作目标，企业制定人力资源规划的重要性不言而喻。

首先，制定企业战略规划。

其次，根据企业的整体战略规划制定人力资源战略，如人才理念、核心价值观、总体规划等。

最后，根据企业人力资源战略来制定具体的人力资源规划。

我们在管理实践中，会将人力资源规划分为五个步骤来进行。

第一步，对人力资源现状进行充分的调研。

没有调查就没有发言权，如果对企业自身的人力资源现状是怎么样的都不知道，那就不能进行后续的步骤了。在这一阶段，我们必须弄清楚企业现有人力资源的数量、质量、结构以及分布，有必要的时候，还需要运用一些人力资源测评手段，对员工进行能力测试，以充分了解人力资源的现状。

这一类型的调研，一般来说，必须是要有人力资源数据库支撑的，比如说，以下的几项是必不可少的。

个人情况，包括姓名、性别、年龄、籍贯、婚姻、民族、政治面貌等，有些企业要求得详尽些，有些企业要求得简略些。

录用资料，包括劳动合同所包含的信息、外语水平、特殊技能等。

教育资料，包括受教育程度、专业领域、职业水平考试等。

工资资料，包括工资类别、等级、金额、调薪日期等。

绩效评价，包括时间、评价人、评论内容、原始资料等。

工作经历，包括在哪些企业担任过哪些职务，在本企业担任何种职务，有什么特殊事项等。

工作记录，包括考勤、表扬或批评等。

第二步，人力资源需求预测。

人力资源供给预测，主要是指根据企业整体战略规划，如战略目标、组织架构、实施路径等，将其分解到人力资源部分，从而预测企业要达成这些战略目标所需要的人力资源的数量、质量和结构。

对于人力资源的数量预测，方法很多，比较常见的是根据企业每年经营、财务计划指标，结合企业现有员工状况，尤其是员工流动率、人均产出率等，来测算年度人力资源总量和按工种、岗位、职务等分类的结构性指标。

第三步，人力资源供给预测。

人力资源供给预测主要包括两大方面，一是内部供给，即根据现有的人力资源现状及未来的变动情况（如培训、晋升、辞职等），预测出各个时间节点上所能提供的人员数量和质量；二是外部供给，即从企业外部招聘（这个必须要有提前量，以确保企业战略目标的顺利实施）。

第四步，人力资源供需匹配。

人力资源供需匹配，首先，必须确定人员在不同时期的净需求量，这里的"净需求量"，既指数量，又指质量（即员工能够胜任工作岗位的素质要求）；其次，确保需求与供给相匹配，即通过外部招聘或内部调配、晋升的方法，来确定有足够的人力资源供给；最后，制定具体的行动策略，包括招聘计划、培训计划、岗位调动计划、晋升计划等。

在这一步骤，员工的培训开发计划就显得尤为重要。众所周知，在企业内部成长起来的员工，对企业的忠诚度是最高的。虽然新鲜血液的注入对企业来说也必不可少，但如果可能的话，企业最好还是能够从内部培养员工，以使他们能够胜任各项工作。

其他的如薪酬计划、绩效考核计划、劳动关系计划等，也应分项制订，以配合人力资源规划的进行。

第五步，人力资源规划的执行与控制。

既然计划已经制订出来，就必须要分解，要执行。

在这里，建议企业可以采用 OGSM 方式来实施。

OGSM 是一种较为常见也较为有效的计划与执行工具，由 Objective（目的）、Goal（目标）、Strategy（策略）、Measurement（测量）的英文首字母组成，即将公司的战略目标分解成子目标，再分解为可具体执行的策略，执行完了，还必须根据执行标准进行测量。如此一来，就使得企业的人力资源规划既能分解到可执行部分，又能有合适的测量标准可供测量。

与此同时，在执行的过程中，企业的管理层也必须对执行情况进行必要的控制。企业管理中不可预测因素及不可控因素太多，计划不可能制订得尽善尽美，这就需要管理层对计划的执行情况进行监控，根据实际情况对人力资源计划进行动态调整，只有这样，才能保证人力资源规划的顺利实施。

根据IBM公司的调查，制定了人力资源规划的企业，与没有制定人力资源规划的企业相比，无论从整体绩效上，还是员工流失率上，都有着显著的优势。

（资料来源：http://www.3lian.com/zl/2012/12-22/129563_2.html）

项目四 实施工作分析

知识目标

1. 掌握工作分析的相关概念；
2. 掌握工作分析的流程；
3. 掌握工作分析的方法；
4. 掌握工作说明书的编制。

技能目标

1. 能够对组织中的各项职位进行工作分析；
2. 能够为组织各职位编写工作说明书。

引导案例

清扫工作该由谁来做

某公司一个包装工不小心将大量液体洒在操作台周围的地板上。正在一旁的包装组组长见状立即走上前要求这名工人打扫干净，不料被拒绝，理由是岗位职责是包装产品，而不是打扫卫生。组长无奈，只好去找勤杂工，而勤杂工不在。因为勤杂工要在正班工人下班后才开始清理车间。于是，包装组长只好自己动手，将地板打扫干净。第二天，包装组长向车间主任请求处分包装工，得到了同意。谁料人力资源部门却不予支持，反而警告车间主任越权。车间主任感到不解，并向生产部经理反映了这一情况，请求得到支持。

生产部经理以人力资源部过多干涉车间内部事务为由，向总经理抱怨，但得到的答复却是让他们自己去协商。生产部经理与人力资源部经理一起查阅了几类岗位的工作说明书。包装工的工作说明书规定：包装工以产品包装工作为中心职责，负责保持工作平台以及周围设备处于可操作状态。勤杂工的工作说明书规定：勤杂工负责打扫车间，整理物品，保持车间内外的整洁有序。为了保证不影响生产，工作时间为生产休息时刻。包装组长的工作说明书规定：包装组长负责使班组的生产有序、高效，并协调内部工作关系。车间主任的工作说明书规定：车间主任负责本车间生产任务的完成，并且可以采取相应的措施对员工加以激励。人力资源部门的职责主要包括员工的招聘、选拔、培训、考评、辞退、奖惩、工资福利等。

因为员工奖惩权归人力资源部门，因此，人力资源部坚持认为生产部门对员工的处分决定是越权。生产部门则认为，对员工的奖惩应由自己决定；否则，难以对员工进行有效管理。包装组长更是感到委屈，并声称要辞职。协商陷入了僵局。

（资料来源：http://www.docin.com/p-12795149.html，有改动。）

第一讲　工作分析概述

组织中的每位员工都担任着某一职务，承担着某些工作，对组织中的人员进行管理，就必须要了解和分析其所承担的工作。组织中的人力资源规划、人员招聘、培训与开发、绩效管理、薪酬管理等活动，都需要工作分析提供准确有效的依据。所以说，工作分析是人力资源管理活动的基础。

一、工作分析的含义

工作分析又称职位分析、岗位分析或职务分析，是对组织中某个特定职位的目的、工作内容、职责权限、隶属关系、工作条件、任职资格等相关信息进行调查、收集与分析，以便对该职位的工作做出明确的描述和规定。

工作分析的结果是形成工作描述与工作规范。其中工作描述是以书面叙述的方法来说明职位的工作内容、职责权限以及工作条件等信息。工作规范则是说明承担此职位应该具备的资格条件。

通过工作分析，我们可以回答和解决如图 4-1 所示的五个问题。

其中，第一个和第二个问题是工作分析解决的最基本的问题，通过对这五个问题的回答，我们可以得出工作分析的主体、工作分析的时机以及工作描述和工作规范等信息。

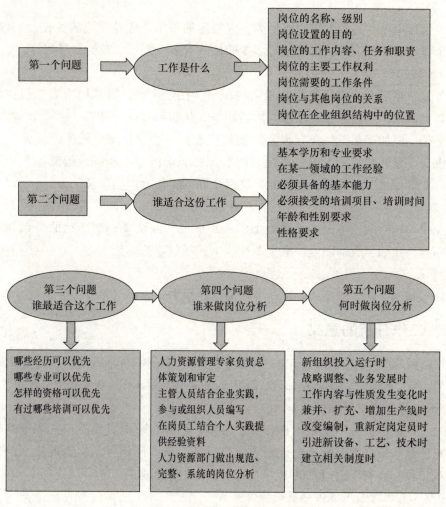

图 4-1　工作分析的五个问题

二、与工作分析相关的概念

1. 工作要素

工作要素是工作中不能再分解的最小动作单位。例如，从工具箱中取出夹具，盖上瓶盖，将夹具与加工件安装在机床上，开启机床等均是工作要素。

2. 任务

任务是为了达到某种明确目的所从事的一系列具体活动。它可以由一个或多个工作要素组成。如工人加工工件、打字员打字都是一项任务。

3. 职责

职责又称责任，是个体在工作岗位上需要完成承担的主要任务或大部分任务。它可以有一项或多项任务组成。例如，车工的责任是加工零件、加工件的质量检验、机床的维护与保养；打字员的责任包括打字、校对、简单机器维修等系列任务。

4. 职位

职位又称岗位，是根据组织目标为个人规定的一组任务及相应的责任。一般来说，职位与个体是一一匹配的，也就是有多少职位就有多少人，二者的数量相等。

5. 职务

职务是一组重要的责任相似或相同的职位。在企业中，通常把所需知识技能及所使用工具类似的一组任务和责任视为同类职务，从而形成同一职务、多个职位的情况，即一职多位。例如，某工厂设有两个厂领导职务，一个分管工厂的生产，另一个负责工厂的供销。显然就其工作内容来说，两个人的职责内容不相同，但就整个工厂的经营来说，职责相当，同等重要。因此，这两个职位统称为"副厂长"。

6. 职业

职业是不同时期、不同组织中类似的一组职务，或从事相似活动的一系列工作的总称叫职业。比如，教师职业、医生职业、工程师职业等。

7. 职权

职权是指依法赋予的完成特定任务所需要的权力。职责与职权一般是对等的。

三、工作分析的意义

工作分析是人力资源管理工作的基础。所有的人力资源管理活动，如人力资源规划、人员招聘、绩效管理、薪酬管理、人员培训等，都需要通过工作分析获得信息依据。

1. 为人力资源规划提供依据

通过工作分析，可以明确工作任务、性质、职务、职责以及岗位任职资格等多方面的信息，这些信息为人员补充计划、晋升计划、培训计划等人力资源规划的制定提供了客观依据，有利于组织发展中"人"与工作的相互适应。

2. 为人员招聘录用提供明确的标准

通过工作分析对各个岗位的工作内容和任职资格条件等做出规定，为人员招聘和录用提供明确的标准，有助于提高招聘录用的有效性。

3. 为人员培训和开发指明方向

工作分析对各个岗位的工作内容和任职资格做出明确的规定，有助于对新员工进行有效的岗前培训，从而让新员工尽快适应岗位；通过工作分析可以确定员工和岗位任职资格要求之间的差距，从而进行有针对性的培训，以提高员工与岗位的匹配程度。

4. 为绩效管理提供客观标准

工作分析通过对组织在不同时期、不同背景下的情况进行分析，确定了各个岗位的应有标准，为绩效管理提供了员工工作业绩的评定标准，为员工的工作指明方向，有助于绩效管理公平、公正、公开。

5. 明确工作岗位在组织中的相对价值，保持薪酬的公平和公正

通过工作分析，能从工作责任、工作量多少、所需技能等几个方面对工作岗位的

相对价值进行界定，确定工作岗位在组织中的相对价值，并以此作为确定岗位薪酬水平的依据，有助于保证薪酬的公平和公正。

6. 为员工的职业发展提供参考

工作分析的结果，明确规定了职业的任职要求，对工作所需要的知识、技能、心理和生理素质都有不同的规定。这些规定对员工选择自己的职业发展道路有较大的参考价值，同时也是组织对员工进行职业生涯规划的参照系。

第二讲 工作分析的流程

工作分析是一项技术性很强的工作，为了确保实施的效果，在实际的操作过程中必须遵循一定的步骤并注意相关的问题。工作分析的一般程序可分为：准备阶段、调查阶段、分析阶段和完成阶段四个阶段。

一、准备阶段

（一）确定工作分析的目的和用途

确定工作分析的目的和用途，即明确工作分析的资料是要用来干什么的，要解决什么问题。工作分析的目的不同，所要收集的信息和方法也会不同。一般来说工作分析出于以下两种目的。

（1）为明确岗位工作标准，对工作活动、任务以及完成工作任务所具备的行为能力的研究，它是以任务为导向的工作分析。任务导向型的工作分析的特点，主要是针对工作岗位的任务要求、岗位工作程序、与其他部门或岗位的工作关系等信息进行分析，分析结果是工作说明书。

（2）对完成工作任务和行为所需要的知识技能的研究，它是以个人为导向的工作分析。个人导向型工作分析的特点，主要是根据工作任务、行为的要求分析岗位工作人员所需要的任职条件，它包括知识、技能或能力、心理和生理等方面的要求。个人导向型工作分析形成的结果是工作规范。

（二）成立工作分析小组

工作分析小组一般由以下三类人员构成：一是企业高层领导；二是工作分析人员，主要是人力资源管理专业人员和熟悉本部门情况的人员；三是外部的专家和顾问，他们具有工作分析的丰富经验和技术，可以避免工作分析的过程出现偏差，有助于结果的科学性和客观性。

（三）对工作分析人员进行培训

为确保工作分析的效果，需要对工作分析相关人员进行培训，培训的主要内容包括工作分析的意义、目的、内容、方法等。

（四）制订工作分析计划

制订工作分析计划主要包括：一是确定工作分析的对象和抽样方法，二是确定信息收集的方法，三是确定工作分析的步骤和起止时间，四是意外事件的处理措施。

（五）事先对工作分析所涉及的人员和工作进行安排，避免影响日常工作

工作分析前需做好与被调查人员和其直接上级的沟通工作，商讨工作分析的时间、地点和方法，确保不耽误日常工作。

二、调查阶段

调查阶段是一个收集信息的实质性过程，要全面地调查工作过程、作业环境、工作性质、难易程度、责任、人员条件等内容。

1. 工作分析中需要收集的主要信息

（1）工作过程信息。这方面的信息主要是指任职者完成工作的步骤和程序，是任职者工作活动的整个过程，包括工作的顺序、具体的工作时间段所涉及的工作内容和工作方式等信息。

（2）工作环境信息。这方面的信息主要指任职者的工作条件和工作背景，包括工作设备、工具，工作的物理环境，如工作场所的光线、温度和湿度，工作时间等条件；也包括任职者所处的组织环境和社会环境。

（3）工作内容信息。这方面的信息主要是指任职者工作的对象特征，包括完成的工作任务、工作标准、工作责任、工作权限等信息。

（4）工作人员信息。这方面的信息主要指岗位对工作人员的任职要求。它包括岗位对人员的体力要求、智力要求和能力要求、职业道德要求等信息。

2. 收集信息时应注意的问题

（1）事先与有关人员进行沟通。

（2）定性信息与定量信息相结合。

（3）确保信息的真实和准确。

三、分析阶段

该阶段的主要任务是整理调查结果，并对结果进行统计、归纳和分析，形成管理文件，以便用于人事决策。

1. 整理资料

将收集到的信息按照岗位说明书的各项要求进行归类整理，看是否有遗漏的项目，如果有遗漏，则返回到上一个步骤，继续进行调查。

2. 审查资料

资料进行归类整理以后，工作分析小组要一起对所获得的资料进行审查，如果有疑问，需要找相关人员进行核实，或重新调查。

3. 分析资料

如果收集的资料没有遗漏和错误，就要对这些资料进行深入的分析，归纳总结工作分析的必需材料和要素，揭示出各个职位的主要成分和关键因素。在分析时要遵循以下几个原则。

（1）对工作活动是分析而不是罗列。工作分析是反映岗位的工作情况，但不是一种直接反映，而要经过一定的加工。分析时，应将某项职责分解为几个重要的组成部分，然后将其重新进行组合。

（2）针对的是职位而不是人。工作分析关心的是职位的情况，而不关心任职者的情况。

（3）分析要以当前的工作为依据。

四、完成阶段

完成阶段是工作分析的最后阶段，此阶段的主要任务如下。

（1）编写工作说明书。一是根据工作分析规范和经过分析处理的信息草拟工作说明书；二是将工作说明书的初稿与实际工作对比；三是根据对比结果决定是否修正和如何修正，甚至是否需要进行再次调查研究；四是形成工作说明书的定稿。

（2）总结工作分析过程中的成功经验和存在的问题，为今后更好地开展工作分析提供借鉴。

（3）将工作分析的结果运用于人力资源管理以及企业管理的相关活动中，真正发挥工作分析的作用。

第三讲　工作分析的方法

工作分析方法就是收集与职位有关的信息资料的方法。工作分析的方法有很多种，大致可以分为两类：定性的工作分析方法和定量的工作分析方法。

一、定性的工作分析方法

定性的工作分析方法主要有：工作实践法、观察法、访谈法、问卷调查法、关键事件法和工作日志法。

（一）工作实践法

工作实践法又称参与法，是指工作分析者亲自从事所研究的工作，从而细致深入地体验、了解和分析工作特征及要求，在工作过程中掌握有关工作的第一手资料。工作实践法的优点是可以准确地了解工作的实际任务和体力、环境、社会方面的要求，可以克服有些员工不善于表达的缺点，还可以弥补一些观察不到的内容。缺点是由于工作分析人员本身知识与技能的局限，使工作实践法运用范围很窄，另外它也不适用于在现代化大生产条件下，对操作的技术难度，工作频率，质量要求高及有危险性的工作。

（二）观察法

观察法是指分析人员借用人的感觉器官、观察仪器或计算机辅助系统实地观察、描述员工的实际工作活动过程，并用文字、图表和流程图等形式记录、分析和表现有关数据。观察法的优点是可以了解广泛的信息，如工作活动内容、工作行为、工作人员士气等。而且收集到的资料多为第一手资料，比较客观。该方法适用于一些比较简单的工作以及那些在短期就可以掌握的工作。缺点是不适用于脑力劳动成分较高的工作，另外，由于被观察者被观察后可能出现紧张、刻意表现等行为，会影响观察结果的客观性和真实性。

在使用观察法时，应遵循以下使用原则。

（1）观察员的工作应相对稳定，即在一定时间内，其工作内容、程序、对工作人员的要求没有明显的变化。

（2）适用于大量标准化的、周期较短的以体力活动为主的工作，不适用于脑力活动为主的工作。

（3）要注意工作行为本身的代表性。

（4）观察人员尽可能不要引起被观察者的注意和干扰他们的工作。

（5）观察前要有详细的观察提纲和行为标准。

某企业生产车间的工作分析观察提纲如表 4-1 所示。

表 4-1　某企业生产车间的工作分析观察提纲

被观察者姓名：	日期：
观察者姓名：	观察时间：
工作类型：	工作部分：
观察内容：	
1. 什么时候开始正式工作？＿＿＿＿＿	
2. 上午工作多少小时？＿＿＿＿＿	
3. 上午休息几次？＿＿＿＿＿	
4. 第一次休息时间从＿＿＿＿＿ 到＿＿＿＿＿	
5. 第二次休息时间从＿＿＿＿＿ 到＿＿＿＿＿	
6. 上午完成产品多少件？＿＿＿＿＿	
7. 平均多长时间完成一件产品？＿＿＿＿＿	
8. 与同事交谈几次？＿＿＿＿＿	
9. 每次交谈约多长时间？＿＿＿＿＿	
10. 室内温度＿＿＿＿＿度	
11. 上午抽了几支香烟？＿＿＿＿＿	
12. 上午喝了几次水？＿＿＿＿＿	
13. 什么时候开始午休？＿＿＿＿＿	
14. 出了多少次品？＿＿＿＿＿	
15. 搬了多少次原材料？＿＿＿＿＿	
16. 工作地噪音分贝是多少？＿＿＿＿＿	

（三）访谈法

访谈法是由工作分析人员与任职者进行面对面的交谈，获取与工作有关的信息。包括个人访谈法和小组访谈法。这种方法能提供标准与非标准工作信息，也能提供身体和精神方面的信息。访谈法的优点是应用广泛，可适用于所有的工作；通过访谈所得的信息具体、准确，既包含工作方面的信息，还包含精神方面的信息。缺点是工作分析者对某一工作固有的概念会影响其做出正确判断；被访谈者的不合作，或提供虚假信息等行为会导致所收集的信息失真。

在采用访谈法收集信息时，应遵循以下原则。

（1）访谈者掌握谈话的主动权，但不能强迫被访谈者说话。

（2）访谈者的行为和态度应当诚恳，表现出对被访谈者的真正关心。

（3）访谈者应当引导谈话内容，取得所需信息。

（四）问卷调查法

问卷调查法是以向任职者发放调查问卷形式，获取与工作有关的信息，包括结构化问卷和非结构化问卷。结构化问卷是对某工作任务与职责的大量描述，由员工选择与判断哪些是本工作的任务与职责；非结构化问卷是事先不提供任何有关某工作的任务与职责的描述，而是由任职者根据平时工作体会来填写。一般调查问卷介于两者之间，既有结构化问题，也有非结构化问题。

表 4-2 是简单的调查问卷范例。

表 4-2 调查问卷范例

姓名_____	工作名称_____
部门_____	工作编号_____
主管姓名_____	主管职位_____

1. 任务综述（请简单说明你的主要工作）
   _____
   _____

2. 特定资格要求（说明完成由你承担的职务需要什么学历、证书或许可）
   _____

3. 设备（列举为完成本职工作，需要使用的设备或工具等）
   设备名称　　　　　　平均每周使用小时数
   _____　　　　　_____
   _____　　　　　_____

4. 日常工作任务（请你尽可能多地描述日常工作，并根据工作的重要性和每项工作所花费的时间由高到低排列）
   _____
   _____

续　表

5. 工作接触（请你列出在公司或公司外所有因工作而发生联系的部门和人员，并依接触频率由高到低排列）	
6. 决策（请说明你的日常工作中包含哪些决策）	
7. 文件记录责任（请列出需要由你准备的报告或保存的文件，并说明文件交给谁）	
8. 工作条件（请描述你的工作环境与条件）	
9. 资历要求（请描述胜任本工作的人最低应达到什么要求） 最低教育程度_____ 专业或专长_____ 工作经历_____ 工作年限_____ 特殊培训与资格_____ 特殊技能_____	
10. 其他信息（请写出前面各项中没有涉及的，但你认为对本职务很重要的其他信息）	
填表人：	日期：

问卷调查法的优点一是获得信息速度快，能在短时间内同时调查许多员工；二是结构性问卷所获取的信息比较规范化、数据化，因而便于统计分析。缺点是问卷结构及事先应提出什么问题难度较大，比较费工；而且由于是"背靠背"的一种方法，因而不易了解接受问卷调查者的工作态度与工作动机等较深层次的内容。

（五）关键事件法

关键事件法又称典型事例法，是对实际工作中工作者特别有效或无效的行为进行简短描述，然后对它们进行分类，总结出工作中的关键特征和行为要求。

具体来说，关键事件记录包括：① 记录导致事件发生的原因和背景，② 记录员工特别有效或多余的行为，③ 记录关键行为的后果，④ 记录员工自己能否支配或控制上述后果。

关键事件法的优点是研究的焦点集中在职务行为上，因为行为是可观察的、可测量的。同时，通过分析可以确定哪些行为对工作有益，哪些行为无益。其缺点是收集那些关键事件需要花费大量时间；二是由于关键事件描述的是典型事件，忽视了通常的工作行为，不利于收集完整的工作信息。

（六）工作日志法

工作日志法，是由任职者按时间顺序，详细记录自己在一段时间内的工作内容与工作过程，经过归纳、分析，达到工作分析目的的一种工作分析方法。

日志的形式可以是不固定的，也可以是组织提供的统一格式，如事先由工作分析人员设计好详细的工作日志清单，让员工按照时间顺序记录工作过程，然后进行归纳、提炼、总结，从而取得所需工作信息。需要注意的是，工作日志应该随时填写，比如以 10 分钟、15 分钟为一个周期，而不应该在下班前一次性填写。

工作日志法的优点有：① 信息可靠性强，适于确定有关工作职责、工作内容、工作关系、劳动强度等方面的信息；② 所需费用较低；③ 对于高水平与复杂性工作的分析，比较经济有效。其缺点有：① 将注意力集中于活动过程，而不是结果；② 必须要求从事这一工作的人对此项工作的情况与要求很清楚；③ 使用范围较小，只适用于工作循环周期较短、工作状态稳定的职位；④ 信息整理的工作量大，归纳工作烦琐；⑤ 填写是否认真直接影响分析结果，同时会影响正常工作；⑥ 可能存在误差，需要对记录分析结果进行必要的检查。

二、定量的工作分析方法

在工作分析时常用的方法是定性分析法，但是在某些情况下，如需要对各项工作进行比较来确定岗位价值时，就需要采用定量分析方法。常用的定量分析方法有三种：职位分析问卷法（Position Analysis Questionnaire，PAQ）、功能性职务分析法（Functional Job Analysis，FJA）、管理岗位描述问卷法（Management Position Description Questionnaire，MPDQ）。

（一）职位分析问卷法

职位分析问卷法，是 1972 年由美国普渡大学教授麦考密克、詹纳雷特和米查姆设计开发的，是一种结构严谨的工作分析问卷。它是以统计分析为基础来建立某职位的能力模型，同时运用统计推理进行职位间的比较，以确定相对报酬。

职位分析问卷法将所有工作划分为 6 大类共 194 个项目，其中 187 项被用来分析完成工作过程中员工活动的特征（工作元素），另外 7 项涉及薪酬问题。每个项目按照 6 项指标进行评价：信息使用度、耗费时间、适用性、对工作的重要程度、发生的可能性以及特殊计分。表 4-3 是职位分析问卷工作元素的分类。

职位分析问卷法的优点是同时考虑了员工与工作两个变量因素，并将各工作所需要的基础技能与基础行为以标准化的方式罗列出来，从而为人事调查、薪酬标准制定等提供了依据；另外职位分析问卷法不需修改就可用于不同组织，不同的工作，使得比较各组织间的工作更加容易，也使得工作分析更加准确与合理。其缺点是由于问卷内容多，所以操作烦琐，花费时间多；问卷填写人必须是受过专业训练的工作分析人员，而不是任职者或上级；职位分析问卷法不太适合工作描述和工作设计。

表 4-3　职位分析问卷工作元素的分类

类别	内容	例子	工作元素数目
信息输入	员工在工作中从何处得到信息，如何得到	如何获得文字和视觉信息	35
思考过程	在工作中如何推理、决策、规划，信息如何处理	解决问题的推理难度	14
工作产出	工作需要哪些体力活动，需要哪些工具与仪器设备	使用键盘式仪器、装配线	49
人际关系	工作中与哪些有关人员有关系	指导他人或与公众、顾客接触	36
工作环境	工作中自然环境与社会环境是什么	是否在高温环境或与内部其他人员冲突的环境下工作	19
其他特征	与工作相关的其他的活动、条件或特征是什么	工作时间安排、报酬方法、职务要求	41

（二）功能性职务分析法

功能性职务分析法，是美国劳工部提出一种以岗位职责为分析对象的方法，它的主要目的是将不同的工作进行量化，使相互之间的比较标准化。

功能性职务分析法认为，所以工作都包括信息、人、事三种职能，只是这三种职能在工作中的比重不同。信息、人、事三种职能中的各项工作行为可以按难易程度或复杂程度列出等级序列。表 4-4 是工作职能等级表，数字越大，表示工作行为越简单；反之，越复杂。

表 4-4　工作职能等级表

信息		人		事	
号码	描述	号码	描述	号码	描述
0	综合	0	教导	0	装配
1	协调	1	协调	1	精确操作
2	分析	2	指导	2	操作控制
3	编辑	3	监督	3	驾驶操作
4	计算	4	使高兴	4	操纵
5	复制	5	劝说	5	供应
6	比较	6	交流	6	进料及取货
7	无重要关系	7	服务	7	处理
		8	接受指示	8	无重要关系

功能性职务分析法的优点是既适用于对简单工作的分析，也适用于对复杂性工作的分析；并且由于其系统性，对培训的绩效评估非常有用。缺点是由于要求对任职者的每项任务都要详细分析，所以费时费力，同时功能性职务分析法更多地反映的是任职者与信息、人和事之间的关系，而不是客观地表明职务的复杂程度。

（三）管理岗位描述问卷法

管理岗位描述问卷法，是托诺和平托于 1976 年针对管理工作的特殊性而专门设计的，定型于 1984 年，与职务分析问卷法类似。

管理岗位描述问卷法是利用工作清单专门针对管理职位分析而设计的一种工作分析方法。它是一种以工作为中心的工作分析方法，采用问卷法对管理者所关心的问题、所承担的责任、所受的限制以及管理者的工作所具备的各种特征进行描述。

在美国，它所分析的内容包括与管理者的主要职责密切相关的 208 项工作因素。这 208 项可以精简为 13 个基本工作因素。

（1）产品、市场和财务计划：指的是进行思考，结合实际情况制订计划以实现业务的长期增长和公司稳定发展的目标。

（2）其他组织单位和工人之间的相互协调：指的是管理人员对自己没有直接控制权的员工个人和团队活动的协调。

（3）内部事务控制：指的是检查与控制公司的财务、人力以及其他资源。

（4）产品和服务责任：指控制产品和服务的技术，以保证生产的及时性，并保证生产质量。

（5）公众和顾客关系：指通过与人们直接接触的办法来维护和树立公司在用户和公众中间的良好形象与声誉。

（6）高级咨询：指发挥技术水平解决企业中出现的特殊问题。

（7）行为主动性：指在几乎没有直接监督的情况下开展工作活动。

（8）财务计划的批准：指批准企业大额的财务流动。

（9）职能服务：指提供诸如寻找适合为上级保持纪录这样的事实的雇员服务。

（10）监督：指通过与下属员工面对面的交流来计划、组织和控制这些人。

（11）复杂性及压力：指在很大压力下保持工作，在规定时间内完成所要求的任务。

（12）高级财务职责：指制定对公司绩效构成直接影响的大规模的财务投资决策和其他财务决策。

（13）广泛的人力资源职责：指公司中人力资源管理和影响员工的其他政策具有重大责任的活动。

管理岗位描述问卷法的优点是考虑了两个特殊问题：一是管理者常使工作内容适应自己的管理风格，而不是使自己适应承担的管理工作；二是管理工作具有非程序化的特点，常随着时间变化而变化。弥补了职位分析问卷法难以对管理职位进行分析的不足。其缺点是在分析技术、专业等其他职位时显得不够具体，受工作及工作技术的限制，灵活性差；耗时太长，工作效率较低。

第四讲 工作说明书的编写

通过对信息的收集、分析和综合，最终形成工作分析的结果——工作说明书。工作说明书是以书面的形式对组织中的各个职位的工作性质、工作内容、工作职责、工作环境、任务资格等所做的统一要求。工作说明书是某项工作区别于其他工作的信息。

工作说明书的编写包括两大部分：一是工作描述的编写，二是工作规范的编写。

一、工作描述

工作描述通常又称为职务描述，其主要内容包括工作标识、工作概要、工作范围、工作职责、工作权限、职位关系、工作环境等内容。

在编写工作描述部分时，应该包括以下信息。

（一）工作标识

工作标识是关于职位的基本信息，是一职位区别于其他职位的基本标志。工作标识包括工作名称和工作身份。工作名称应该规范，最好是根据《中华人民共和国职业分类大典》所规定的名称来命名。工作身份又称工作地位，一般在工作名称之后，包括职务所属部门、职务编码、直接上级、定员人数等内容。

（二）工作概要

工作概要也称工作摘要，是对主要工作的简要说明。要求用一句话对职务的工作内容进行简明扼要的描述，指出工作的目的，避免将工作的具体任务、方式等细节写进去。

（三）工作范围

工作范围是指某职位的任职者所能掌控的资源，以及该职位的活动范围。该部分信息不是工作描述的必备内容，往往用于管理职位。工作范围常常采取清单的方式表达。

（四）工作职责

工作职责主要指某职位通过一系列什么样的活动来实现组织的目标，并取得什么样的工作成果。一般来说，职责描述应该遵循以下书写原则。

（1）必须采用"动词+目标"或者"工作依据+动词+名词+目标"的书写格式。

（2）尽量避免使用模糊性的动词，如"负责""管理""领导"等。

（3）尽量避免使用模糊性的数量词，如"许多""一些"等，应尽量使用明确的数量词。

（4）尽量避免使用任职者或其上级所不熟悉的专业化术语。如确实需要使用专业术语，需要在工作说明书的附件中予以解释。

（五）工作权限

工作权限是指组织所赋予该职位的决策范围、层次与控制力度。一般来说，工作权限与工作职责是对等的。

（六）职位关系

职位关系主要包括两部分：一是该职位在组织中的位置，用组织结构图来进行反映；二是该职位在工作中，与组织内部和外部各单位之间的工作联系。

（七）工作环境

环境对工作影响很大。工作环境主要描述完成工作所需要的条件支持、工作环境对任职者精神和体力等方面引起不适和损耗的程度。

在编写工作描述时，应注意以下编写要求。

（1）内容详尽完整。工作说明书中，对工作内容的描述，如工作任务、工作职责、工作权限等一定要详尽、完整。其中的每一项内容的描述都可以单独使用。但是详尽并非琐碎，不能把工作描述变为动作的分析或分解。

（2）语言简洁。逻辑性强、语言构成要简洁、规范，要有逻辑性；每一句话都应该表达动作、对象、目的，并以动词起句；语句的排列应该按照工作的基本性质、职位高低、资格条件的重要性等排序。

（3）用词标准。使用词汇应该具体，避免抽象概念。除非必要，不用形容词；除非必要，避免使用难于理解的技术性词汇；应尽可能使用数学语言。

二、工作规范

工作规范主要是对担任该职位的人员的任职资格进行说明。任职资格主要包括资历要求、生理要求、心理要求和其他要求四个部分。

（一）资历要求

资历要求包括教育背景和工作经历。教育背景是指对任职者的专业、学历的要求，以及所接受的培训和所获得的职业证书等。工作经历是指任职者有无相关工作经历以及从事相关工作经验的时间长短的要求。

（二）生理要求

生理要求主要包括对任职者的性别、年龄、身高、体重、外貌、健康状况、体力等身体素质的要求。

（三）心理要求

心理要求包括技能要求和心理素质和职业品质。

技能要求包括任职者的基本技能、专业技能和其他技能。例如，任职者的领导、组织、协调、创新、分析能力，信息处理能力，人际交往能力和表达沟通能力等。

心理素质包括个性心理特点，如各种感觉、知觉能力、记忆、思维、语言、操作活动能力，应变能力，兴趣爱好，性格类型等。

职业品质。除一般的社会道德要求外，对职业所要求的职业品质也要有所要求，如敬业精神、职业态度、职业纪律等。

（四）其他要求

其他要求主要指职位对任职者其他方面的要求，如节假日上班要求、出差的要求等。

在编写工作规范时，应注意以下编写要求。

（1）区别对待不同性质的工作。

在制定工作规范时，要根据工作性质和工作分析的不同结果，区别对待。对性质简单、固定而且条件可以列举的工作（如专业人员、技术员、打字员等），任职资格可以根据个人资格条件（如学历、培训、资格证书等）列举，基本可以满足使用的要求；凡是不属于上述类别者，制定工作规范时，可以根据工作分析的结果，预测影响该项工作绩效的个人条件是什么，进而确定胜任此项工作必需的资格条件。

（2）满意的标准而不是最优的标准。

工作规范所列举的任何资格条件要求，都应该建立在完成工作确实必需的内容之上。也就是说，工作规范应该反映取得令人满意的工作绩效必需的资格条件，而不是最理想的候选人应该具备的条件，制定工作规范的标准应该是满意的标准，而不是最优的标准。

（3）注意任职者的个性特征。

不同类型的职位对任职者的个性特征要求是不同的。然而在实际工作中，管理者可能更加强调任职者的资格和能力要求，而对于任职者的个性特征不予重视，致使招聘的新员工不适应组织文化或不能胜任工作，从而影响个人绩效和组织绩效。

知识检验

1. 工作分析的概念及意义。
2. 简述工作分析的流程。
3. 定性工作分析的方法有哪些？各有哪些优缺点？
4. 工作说明书主要包括哪些内容？

管理技能转化

一、实际应用分析题

（1）在进行工作分析时，员工常由于担心工作分析对其已熟悉的工作环境带来变化或引起自身利益的损失，故意提供不真实信息。假如你遇到这种情况，该如何应对？

（2）通过以下对话，你看出了什么问题？你对工作分析如何认识？

李强：你总是希望我用有限的人员做更多的事情。如果你老是给我派活，那你就应该给我安排更多的人。

王宇宏：你总是要求增加人。如果我满足你的人数要求，那么你手下的人员数量将占公司总人数的70%。依我看，你的人手已经饱和了。

李强：你只看到我们的人数，但并不了解我们干了多少活！很多时候我们都在超负荷工作。

王宇宏：我倒偏向于给每项工作充分的职权，让员工对工作真正负责。

（3）对于项目型团队来说，每个成员的工作会随项目的不同而改变。有人认为项目团队不需要工作说明书，即使有也派不上用场。你同意这一看法吗？阐述你的观点。

二、管理问题诊断与分析

案例4-1　你到底想要什么

王瑞是一家新开业的电脑公司老总，手下有一百多名知识型员工。一天，王瑞愁眉苦脸地找到他的老朋友、企业咨询专家张朋，诉苦说："没想到自己办公司这么麻烦。不知为什么，我们总是在节骨眼上发现有些重要的事情没做好，或者根本还没做。事实上，也总是在事后，才发现这些事情本应安排专人具体负责的。公司也有这个条件，因为我们的工作负荷还不是很重，很多人都在干着不怎么重要的事情。"

张朋给王瑞倒了一杯茶，招呼他坐下，然后试探着问："是不是你的员工松散惯了，不习惯现在的工作方式？或者，缺乏工作主动性？"

"不是！他们都是我的老朋友、老伙计，不存在松散怠慢的问题。这些人综合素质非常高，无论工作能力还是职业道德都很好。而且，目前的情况他们也很着急。"王瑞的回答很干脆。"那就是你老板的问题啦。为什么不把工作提前安排好呢？"张朋开起老朋友的玩笑来。

"也许吧。但我不可能将太多的精力放在分配任务上，我还有大量其他的事情要做。告诉你吧，我现在真有些焦头烂额了，顾得了这头就顾不了那头。"王瑞显得很是无奈："哎，你能不能帮我一个忙，帮我把这乱七八糟的局面理顺一下？"

"帮你物色几个高水平的精英人才？""不！我们的人员水平够高的了，2/3都是硕士，且出自名校，还有博士。我不缺人才。"一提起员工，王瑞的回答就干脆利索充满自信。

"那你需要我怎么帮忙？"张朋的兴趣上来了。

"你看，我的员工虽然学历高，但都是工科或者计算机出身，懂技术，却不懂管理。怎么着让他们提高一下，规范一下，不仅管好自己的事务，还能从整体上兼顾一下其他。清楚地知道每个人应该干什么。或者是……这么说吧，"王瑞用手比画着："反正是不能再这样有些事没人干，有些人没事干。"

"那就做一份培训计划，把员工们系统地培训一下吧。"

"不是，他们正分期分批地培训着。我们有很详细、系统的培训计划。你知道'华为基本法'吧？做个类似的东西也许行。"王瑞不知道怎么说才好。

"'华为基本法'不是一下子就能做出来的，也不是任何人都能做出来的，再说对你们也不一定合适。"张朋摆出专家的架子。

"知道，我也不一定要一样的，我是想要个类似的东西。"

"修正规章制度？"

"不是,我们早就有,非常先进。"王瑞摇头。

"业绩考评方法?"

"不是。"王瑞继续摇头。

"薪酬计划?"

"不是。"王瑞还是摇头。

"你到底是想要什么呢?"张朋有些不耐烦了。

"说实话吧,我也不知道我要的究竟是什么。"

"那你这不是难为我吗?还是有意开玩笑?"张朋又好气又好笑:"自己都不知道要什么,我怎么帮你呢?"

"真不是开玩笑。不是这样的难事我找你做什么?拜托,帮帮忙吧。"王瑞特认真。

望着王瑞严肃认真的表情,张朋陷入了沉思。送走王瑞后,他思考了好几天。

一周后,张朋给王瑞打电话:"我知道你的要求了。你需要我为你的公司做一次详细的工作分析,为每一个人编一份'职务说明书'。将公司所有的工作整理一遍,分级分类,明确职务,明确职责,将每个人要做的事情固定下来,每个人的主要职责区分清楚,再详细确定每个职务任职人员的任职资格。以后,举凡涉及人与岗的事情,都可以'职务说明书'作为参考评定标准。你看行吗?"

"非常正确。我要的就是这个东西。到底是行家,一下子就说到点子上。"电话那头,王瑞大喜过望。

(资料来源:http://www.docin.com/p-829558880.html,有改动。)

分组讨论

1. 王瑞想要的东西是什么?
2. 结合案例谈一下"职务说明书"的作用。

案例 4-2　如何消除工作分析中员工的恐惧心理

小李进入某公司后有点找不到北。有事的时候不知道该找谁,A 部门说"归 B 部门管",B 部门称不知道,让他找 C 部门。小李觉得有必要对岗位和责任进行梳理,建议人力资源部门进行工作分析。人力资源经理却摇摇头告诉他,员工对此发怵,不配合,工作分析很难进行。原因何在呢?

【症状 1】准备不充分

人力资源专员小王接到指示,公司在这个月将开展工作分析。人力资源部的每个成员自然成为工作分析小组成员,小王要负责销售部门各个岗位的工作分析。他决定先从普通的销售员开始,从下往上分析,把销售经理摆在最后。

事实上,普通员工的态度并没有小王预期的那样配合。"工作分析?干吗用的?你们人力资源部还真是吃饱了没事干吗?"资历深厚的直接质疑小王。"哦,是不是要裁人啦?怎么突然要分析工作了呢?"胆小者支支吾吾,疑心重重。"真抱歉,手头忙,等过一阵再谈吧。"态度冷淡不配合的更不在少数。一周下来，小王精疲力竭，却收获寥寥。

【症状2】事后"大地震"

人力资源经理鲁娜，刚从某外企跳槽到一家民营企业，发现企业管理有些混乱，员工职责不清，工作流程也不科学。她希望进行工作分析，重新安排组织架构。一听是外企的管理做法，老板马上点头答应，还很配合地作了宣传和动员。

鲁娜和工作分析小组的成员，积极筹备一番后开始行动。不料，员工的反应和态度出乎意料地不配合。"我们部门可是最忙的部门了，我一个人就要干三个人的活。""我每天都要加班到9点以后才回去，你们可别再给我加工作量了。"

多方了解后，鲁娜才知道，她的前任也做过工作分析。不但做了工作分析，还立即根据分析结果进行了大调整。不但删减了大量的人员和岗位，还对员工的工作量都做了调整，几乎每个人都被分配更多的活。有了前车之鉴，大家忙不迭地夸大自己的工作量，生怕工作分析把自己"分析掉了"。

思考：你认为鲁娜的前任在进行工作分析时为什么会出现以上问题？你认为现在鲁娜应如何办？

【症状3】问题大而无当

"请你谈谈你这份工作对公司的价值。"听到这样的问题，张明愣住了，该怎么回答呢？当然要说价值很大啦，怎么大呢？思索了半天，她也不知道该如何回答，只能说"我的工作是公司正常运转不可缺少的一个环节"，心里暗想，这回答还真是废话。

不仅仅是张明，还有不少员工都在面谈中遭遇这样的"宏观"问题。原本以为工作分析，人力资源部在了解情况后会对每个人的工作做个评价；谁知道，上来就让员工自己谈价值。这下可把大伙难住了，说高了，一听就是空话；自谦一下，不等于让人家来"炒鱿鱼"？只好统一口径，简单几句话把进行工作分析的人打发走了。

（资料来源：http://www.doc88.com/p-962199383662.html）

分组讨论

1. 你认为员工为何对小王的工作或质疑或冷淡？小王应该怎么办？
2. 鲁娜的前任在进行工作分析时为什么会出现以上问题？你认为现在鲁娜应如何做？
3. 你认为在进行工作分析的面谈环节中，张明及其他员工为什么会出现这种情况？

三、管理实战演练

1. 您认为下面哪些情况适合用观察法进行工作分析？哪些不适合？
（1）脑力劳动成分比较高的工作（如律师、设计师、程序员的工作）。
（2）处理紧急情况的间歇性工作（如从事急救工作的护士）。
（3）要用体力活动来完成的工作（如保洁员、保安人员、装配工人）。
（4）标准化且周期较短的工作。

（5）周期较长的工作。

（6）高层管理者或研究人员的工作。

2. 北京的一家网络服务公司人力资源部，专门对售后服务工程师（技术支持工程师）一天的工作进行跟踪调查。调查人员事先做了充分的准备，准备好记录纸、调查表格。这家公司售后服务工程师每天就是用电话回答客户提出的问题。在调查中，调查人员用表格准确记录第一个电话接了几分钟，第二个电话接了几分钟，保证调查的准确性。调查结果是，在一天时间里售后服务工程师一共接听70个电话，其中最长的电话14分钟，最短的电话3分钟。分析结果是，8个小时中大概6个小时都在接电话，加上中间去吃饭的时间，还有去洗手间的时间，应该说任务饱满。

问题：根据上述资料，你认为售后服务工程师的工作存在什么问题？应如何改进？

人力资源管理表格

某公司办公室主任工作说明书

职业名称	办公室主任
文件编号	GZSM-C01
编制	
核准	
生效日期	

一、基本资料

职务名称	主任	所属部门	办公室	直接上级职位	副总裁
定员人数	1人	辖员人数	7人	直接下级职位	部门职员

二、职位关系

可直接晋升的职位	副总裁
可晋升至此的职位	部门职员
可相互轮换的职位	—

三、工作说明

1. 工作概要

负责办理公司各项行政管理事宜，包括办公、文书、公关、后勤及其他一系列的事务性工作。

2. 工作内容

类别	内容	考核标准
全权	① 依据公司经营计划，并配合公司总目标，制定本部门目标及工作计划并全面负责本部门的工作； ② 负责本部门年度预算的编制； ③ 协调各部门之间的关系； ④ 办理与物业部门的有关事宜，为员工提供一个良好的工作环境； ⑤ 合理分配所属文员、司机及其他后勤人员的工作，为其他部门提供满意的服务； ⑥ 其他职权范围内的工作	① 工作绩效评估； ② 部门内部工作质量和效率； ③ 本部门与公司其他部门工作协调程度
承办	① 根据副总裁的安排，管理公司有关业务； ② 承办副总裁要求的其他工作	工作绩效评估
报审后承办		
配合	① 根据公司要求，配合其他部门的正常工作； ② 为完成本部门的任务，与其他有关方面建立并保持必要的联系	与他人合作的记录是否良好
其他		

四、任职资格

1. 学历要求

最低学历要求	专业要求
大学本科	不限

2. 业务培训要求

培训内容	培训期限
高级经营管理课程培训	

3. 工作经验要求

(1) 有 5 年以上相关工作经验；
(2) 从事过较高层次的领导工作，有一定的管理经验和管理水平

4. 个性特征要求

(1) 办事认真，踏实肯干；
(2) 善于与人沟通，协调能力强；
(3) 性格开朗，待人热情；
(4) 为人正直，诚实，有信用，具有较强的责任感

5. 其他要求

表 4-6　某公司工作分析表

工作分析表	
部门	科室
工作名称	工作地点
直接上级	直接下属
工作目的与目标	
职位与交往	
工作环境	
职权、任务和责任	
工作标准与检查程序	
技能、知识与经验	
工作前景	
备注	
填表人签名	
职务	日期

▶▶ 相关链接

工作分析中应注意的几个问题

工作分析又称职务分析，是指完整地确认工作整体，以便为管理活动提供各种有关工作方面的信息所进行的一系列工作信息收集、分析和综合的过程。工作分析的内容、作用、程序、步骤、技巧等，对许多从事人力资源工作的人来说，已经非常熟悉了。下面主要谈一下在工作分析中容易被忽视的几个问题。

一、关键成效领域

近年来，在岗位规范阶段普遍注意对特定岗位规定明确的"关键成效领域"。这种方法非常强调取得成效，因此重点放在产出而不是投入。产出可以从质量、数量、用时和费用等方面衡量。"关键成效领域"的特点是根据书面的指标（如产出质量、数量等）为新聘人员设立目标，从而为后续的业绩评估打下基础。

近来岗位规范中越来越多地用到一些词语反映人力资源管理方面发生的文化变革（如创造性的变革管理，面向业绩），因此，像倡议、获取、激励等都成了常用词。

与岗位规范的形式和内容有关的另一项新发展是看重取得优异岗位业绩所需的关键能力。这种能力可能涉及个人在交际、解决问题、有效使用授权、成为和谐的团队成员等多方面的特质。

二、增加员工的参与程度

如果工作为增加激励而设计，那么它将有利于清楚地理解什么样的工作特性可以提高员工的参与。最近，一个分析工作的概念性框架已经发展起来。框架中的5个核心内容是：技能的多样性，工作的完整性，任务的重要性，主动性，反馈性。

若一位管理者希望通过增加工作的多样性、完整性、重要性、自主性、反馈性以丰富工作的内容，他可采取以下5个步骤。

（1）确定自然的工作单元。这意味着尽可能让集体工作构成一个完整和有意义的整体。工作单元可以根据地理位置、产品或生产线、业务或顾客来划分。

（2）合并任务。即尽可能把独立的和不同的工作合成一个整体。

（3）建立和顾客之间的联系。这意味着使生产者和他的产品的使用者（其他部门、顾客、销售团体等）相联系，这样可以让生产者知道产品被判断的标准。

（4）直接分派任务。即尽可能地给生产者计划、参与、控制自己工作的权力。这样，不需要经过其他部门专门培训，生产者的控制能力就会获得提高。这种控制能力也意味着给生产者计划工作、控制货存、预算资金和质量控制的权责。

（5）公开信息反馈渠道。这意味着尽可能给生产者更多的有关生产结果的信息，如成本、产量、质量、组织结构、消费者的抱怨等。

三、明确的基础

工作分析的建立要有一个明确而清晰的基础，这就是说，整个单位或部门的工作分析是以职能还是产品来作为工作分析的基础。在一个大的公司中，虽然这两种情况可以同时存在，但是，在做工作分析时，要特别区分清楚。

1. 按职能分工

按职能划分的组织形式最适用于简单、静态的环境。在这种环境中很少发生意外事件，管理部门的作用集中在确保坚持执行已经建立起的常规工作和规章制度。如果某个组织分工明确，指挥系统健全，控制幅度较小，那么在一个简单、静态环境中，组织可能实现最高效率。按职能划分的组织形式增加专门化的管理部门可以处理较为复杂的环境状况。职能部门对直线部门在较复杂问题的合理决策方面提供了专门知识的建议。加上像联络员和特别工作组的一体化机制，按职能划分的组织形式也能够用于较轻微的动态和复杂环境。

2. 按产品划分

按产品划分的组织形式对某个具有复杂产品和服务的组织而言，可能会更有效一些。它在各类产品的环境激烈竞争时，更加具有吸引力。在环境情况骤然变化时，则削弱了经理们依靠在行政等级式组织形式下常用的规章和程序来工作的能力。

按产品划分的组织形式可能对简单、动态环境最为有效。采用按产品划分的组织形式往往可以减少某个部门或某个管理人员所面临环境的复杂程度。一个产品单位的主要负责人只需将注意力集中在一种产品或一种服务的环境上面，而无须关心各种复杂多样的产品或服务的环境。

四、发展趋势

工作分析系统对员工的重要性在于：更高的权力和自主权，同时承担更多的责任，用相互依赖程度更高的方式换取同事和群体的支持，以承担更多的不确定性和模糊性换取更多的发展机会。

在经济学家和社会分析学家不停地谈论某些国家和行业消失了许多就业机会的同时，他们忽略了更重要的一点：真正趋于消失的是工作本身。

在经济快速发展的过程中，工作是解决灵活问题的方法。我们可以偶尔修订一个人的工作说明书，但不能每周都做这样的工作。当工作内容需要不断变化时，组织就越来越难以忍受传统工作所带来的不灵活性了。

在经济全球化的今天，只有那种能够对变化做出迅速反应的生产性组织才能够取得竞争优势。例如，它们能够更好地满足顾客的不同需要，送货速度也比其竞争对手快。在顾客喜欢标准化产品的时代，固定生产线就能满足要求。但现在顾客在追求个性，组织必须掌握灵活的生产技术才能满足顾客的要求，并更有效地进行竞争。

几十年之后，也许很少再有人从事一些我们现在观念中的工作了，取而代之的，将是一些兼职的或暂时性的工作情景。组织也将不再是由各种工作组成的结构了，而将成为种种工作领域的集合。而且组织将主要由各种临时雇佣人员（如临时工人、兼职人员、顾问人员、合同工人）组成，他们一起参与某个项目团队，共同完成一项任务，任务完成后，这个团队就解散。员工同时参与多个团队的工作，时间不固定，而且可能永远都不会面对面地见到自己的同事。

（资料来源：http://www.chinahrd.net/article/2002/02-18/4493-1.html）

项目五　招聘与录用合适的员工

知识目标

1. 了解招聘的含义、作用以及招聘的原则；
2. 比较招聘的两种渠道，掌握招聘的方法；
3. 掌握招聘工作的基本流程；
4. 掌握招聘评估的步骤。

技能目标

1. 能够为企业制作招聘广告并组织实施招聘工作；
2. 能够为企业进行招聘评估。

引导案例

HR 拿什么来吸引"90 后"职场主力军

"90 后"是备受争议的焦点，然而目前这个带着特殊标签的群体已慢慢占领了职场，成为主力大军。他们特立独行、充满激情、善于创新、自信张扬，显得与前辈们格格不入。"90 后"的特殊除了体现在有活力、有个性、过度强调自我等特点以外，对于求职也有独到的见解。据网络上发布的一份调查显示，"90 后"求职特点十分鲜明。

（1）个人兴趣：找工作唯一不能妥协的就是兴趣，薪水、地点都好商量，喜欢环境好、轻松、自己中意的工作；

（2）自由程度：把工作视为生活的一部分，工作并不是人生的全部，重视工作的环境自由度、轻松度、快乐感；

（3）职业发展：他们最关心的问题第一是职业发展，第二是薪酬，第三是绩效管理。

面对"90 后"们的这些鲜明特点，HR 该如何吸引他们？

● 用创意颠覆枯燥，用游戏化激励目标

第一，用创意颠覆枯燥。传统的管理手段可能不太适合"90 后"的兴趣，比如打卡，那么可以换一种创新的方式。例如一家企业摒弃了打卡，取而代之的是员工在微信朋友圈发早餐图片。这样既实现了出勤的目的，也体现了企业的关怀，瞬间将一件小事变成卓越的企业文化表现。

第二，用游戏化激励目标。"90后"的自我价值实现感特别强，相对来说看轻物质，而在乎荣誉和精神感受，所以过去生硬的金钱挂钩的方式可以适当用游戏化机制来替代，使工作变得像打怪那样充满刺激。盛大就实施过游戏化的管理方式，当然他的实施方式有些问题。

第三，充分授权，创造平台空间。尊重"90后"的独立意识，给他们更多的机会和挑战，并鼓励他们去完成。

- 良好的人文环境和工作物质环境同样重要

无论是"90后"还是"80后"，抑或将来的"00后"，对于挑选工作的侧重点都是一个需要HR思考的问题，并且需要通过不懈的努力加以解决的问题。员工绩效的持续提升，不仅仅取决于考核评价的侧重（你要求什么你就检查什么），也需要一个良好的逐渐靠近员工期望的工作大环境（包括人文环境与工作物质环境）。

(1) 工作物质环境取决于工作的性质。不可能将生产煤炭的现场装修设计为IT工作现场，这里面有很多制约因素。所以，工作现场环境的一个整体方向是，在充分考虑工作性质的基础上，尽可能创造一个整洁舒适的氛围，如果工作现场不得改变的话，那就作为补偿，将生活、休息场所设置得尽可能惬意一些。增加必要的休闲场所。例如，各种吧、休闲所，食堂以及园林式的厂区等。

(2) 工作氛围环境的融洽。这个软环境一定要做到位。工作氛围的建设，是需要各方面齐心协力共同做好。如果做好了，这就是企业文化的显现；做不好，将会有很大隐患。多奖少罚，多表彰少训斥，这有利于人和人之间平和、融洽、互相包容、工作衔接流畅等。

(3) 直线领导的言行举止、所作所为。他们的心理、行为、结果对于"90后"是绝杀技，容不得半点含糊，其实做很多的员工满意度调查还有离职员工访谈，大家都会把靶点落在直线领导，他们如果尽职尽责、业务突出、善于领导、乐于分享、一视同仁、公平公正、坚持原则、为人谦和、传播正能量，你会发现这样的部门内部将特别和谐，业绩突出，人员稳定。但反面的例子也很多，结果是一塌糊涂。所以说直线领导，非常重要！

（资料来源：http://www.docin.com/p-1379957243.html，有改动。）

第一讲　员工招聘概述

招聘是人力资源规划和工作分析的深化和发展，是根据人力资源规划中人员配置数量和职务说明书中对任职者的素质要求为企业挑选员工的过程。招聘在整个人力资源管理流程中起着承上启下的关键作用，只有通过招聘为企业获取到合适的人员，企业生产才能够进行，才能实施激励、考核、薪酬管理、培训开发和职业生涯设计等管理手段，才能通过有效的管理方法进一步调动员工的积极性，提高劳动生产率，提升企业的经营业绩。

一、招聘的含义及其作用

市场竞争归根到底是人才的竞争。随着经济的发展，各行各业对人才的需求也越来越强烈，企业要发展就必须不断地吸纳人才。招聘，就是替企业或机构的职位空缺挑选具有符合该职位所需才能的人员的过程；求才的目的在于选择一位最适宜、最优秀的人才。

人员招聘是指组织寻找、吸引那些有能力又有兴趣到本组织任职，并从中选出适宜人员予以录用的过程。招聘不仅是为企业挑选合适的人员的过程，而且对企业的发展还具有很重要的作用。

（一）招聘对于企业的作用

1. 补充人力资源，保证企业正常的经营

维持企业正常的运行必须有一定的人员作为保障，但是任何一个企业中都存在着人员的流动。企业保持适度的流动率有利于为企业注入新的活力。同时，企业内部正常的人员退休、人员调动及人员辞退都需要及时补充新的员工；在企业业务规模扩大时，有新的分公司成立时，内部结构调整及企业转产时，都必须进行招聘。所以，招聘工作是保证企业正常运转的重要手段。

2. 吸引人才，提升企业经营业绩

现代市场竞争日益激烈，企业之间的竞争归根到底是人才的竞争，哪个企业能够在人才的竞争中获胜，哪个企业就会在市场竞争中立于不败之地。企业的经营业绩是靠全体员工共同创造的，通过招聘得到优秀的人才是确保员工队伍良好素质的基础，只有这样才能在今后的开发中保持员工的整体素质水平。

3. 宣传企业，树立企业形象

招聘过程是向全社会展示企业风采的过程，尤其是用广告招聘、参加大型的人才交流会和校园招聘是树立企业形象的最好机会，这比单纯地做产品广告效果要好得多，而且成本很低。在进行招聘人的挑选时也应十分慎重，因为招聘者的一言一行都代表着企业的形象，而应聘者正是通过这些点点滴滴的"小事"来感受企业的。所以对招聘者进行培训是非常必要的，只有树立企业的良好形象才能吸引到更多的人才。

（二）招聘在人力资源管理作业活动中的作用

招聘在人力资源管理作业活动中起着十分重要的基础作用。如果没有人员的补充，其他管理活动也无从谈起。招聘与人力资源其他管理流程的关系如图5-1所示。

企业的发展战略和文化是招聘的依据，将企业发展战略细化为业务量，从而确定招聘人员的数量和质量。人力资源规划中的招聘计划是招聘工作的具体落实，同时招聘结果也是制定人力资源规划的依据。通过工作分析制定岗位职责和任职资格是筛选和录用工作的标准。招聘工作的质量直接决定着所招人员的工作绩效；完善的绩效标准要求也是招聘的依据。同时，员工绩效水平也是对招聘工作的一个检验。薪酬标准是企业吸引人才的有力武器之一，薪酬的高低直接决定着所招人员的素质高低。招聘中对应聘者综合素质的考虑结果是今后培训的依据。

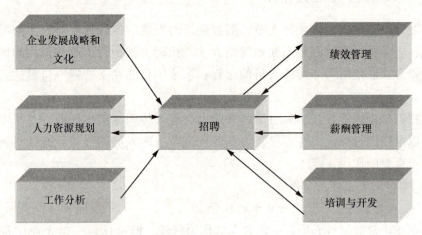

图 5-1　招聘与人力资源其他管理流程的关系

二、招聘的原则

（一）公开原则

公开原则是指把招考单位、种类、数量，报考的资格、条件，考试的方法、科目和时间，均面向社会公告周知，公开进行。一方面给予社会上的人才以公平竞争的机会，达到广招人才的目的；另一方面使招聘工作置于社会的公开监督之下，防止不正之风。

（二）竞争原则

竞争原则是指通过考试竞争和考核鉴别确定人员的优劣和人选的取舍。为了达到竞争的目的，一要动员、吸引较多的人报考，二要严格考核程序和手段，科学地录取人选，防止"拉关系""走后门""裙带风"、贪污受贿和徇私舞弊等现象的发生，通过激烈而公平的竞争，选拔优秀人才。

（三）平等原则

平等原则是指对所有报考者一视同仁，不得人为地制造各种不平等的限制或条件（如性别歧视）和各种不平等的优先优惠政策，努力为社会上的有志之士提供平等竞争的机会，不拘一格地选拔、录用各方面的优秀人才。

（四）能级原则

人的能量有大小，本领有高低，工作有难易，要求有区别。招聘时应量才录用，做到人尽其才、用其所长、职得其人，这样才能持久、高效地发挥人力资源的作用。

（五）全面原则

全面原则是指对报考人员从品德、知识、能力、智力、心理、过去工作的经验和业绩进行全面考试、考核和考察。因为一个人能否胜任某项工作或者发展前途如何，是由其多方面因素决定的，特别是非智力因素对其将来的作为起着决定性作用。

（六）择优原则

择优是招聘的根本目的和要求。只有坚持这个原则，才能广揽人才，选贤任能，为单位引进或为各个岗位选择最合适的人员。为此，应采取科学的考试考核方法，精心比较，谨慎筛选。

第二讲　员工招聘渠道

有效的招聘渠道，不仅能够提高招聘效率，而且还可以提高招聘效果。企业的招聘渠道按照应聘者的来源可分为外部招聘和内部招聘。

一、外部招聘

外部招聘的渠道大致有：人才交流中心、人才招聘会、传统媒体广告、网上招聘、校园招聘、猎头招聘和员工推荐等。

（一）人才交流中心和人才招聘会

我国很多城市都设有专门的人才交流服务机构，这些机构常年为企事业用人单位提供服务。他们一般建有人才资料库，用人单位可以很方便地在资料库中查询条件基本相符的人才资料。通过人才交流中心选择人员，有针对性强、费用低廉等优点。

人才交流中心或其他人才交流服务机构每年都要举办多场人才招聘会，用人单位的招聘者和应聘者可以直接进行接洽和交流。招聘会的最大特点是应聘者集中，用人单位的选择余地较大，费用也比较合理，而且还可以起到很好的企业宣传作用。

（二）传统媒体广告

通过报纸杂志、广播电视等媒体进行广告宣传，向公众传达招聘信息，覆盖面广、速度快。相比而言，在报纸、电视中刊登招聘广告费用较大，但容易醒目地体现组织形象；很多广播电台都有人才交流节目，播出招聘广告的费用较少，但效果也比报纸、电视广告差一些。

招聘广告应该包含以下内容。
（1）组织的基本情况。
（2）招聘的职位、数量和基本条件。
（3）招聘的范围。
（4）薪资与待遇。
（5）报名的时间、地点、方式以及所需的材料等。

传统媒体广告招聘的优点是：信息传播范围广、速度快，应聘人员数量大、层次丰富，组织的选择余地大，组织可以招聘到素质较高的员工。

传统媒体广告招聘的缺点是：招聘时间较长，广告费用较高，要花费较多的时间进行筛选。

（三）网上招聘

网上招聘是一种新兴的一种招聘方式。它具有费用低、覆盖面广、时间周期长、联系快捷方便等优点。用人单位可以将招聘广告张贴在自己的网站上，或者张贴在某些网站上，也可以在一些专门的招聘网站上发布信息。

网络招聘由于信息传播范围广、速度快、成本低、供需双方选择余地大，且不受时间、空间的限制，因而被广泛采用。当然其也存在一定的缺点，比如容易鱼目混珠，筛选手续繁杂，以及对高级人才的招聘较为困难等。

（四）校园招聘

学校是人才高度集中的地方，是组织获取人力资源的重要源泉。对于大专院校应届毕业生招聘，可以选择在校园直接进行。包括在学校举办的毕业生招聘会、招聘海报、招聘讲座和毕业生分配办公室推荐等。

学校招聘的优势有：
（1）可以在校园中招聘到大量的高素质人才；
（2）大学毕业生虽然经验较为欠缺，但是具备巨大的发展潜力；
（3）由于大学生思想较为活跃，可以给组织带来一些新的管理理念和新的技术，有利于组织的长远发展。

但是，学校招聘也存在明显的不足之处：
（1）学校毕业生普遍缺少实际经验，需要用较长的时间对其进行培训；
（2）新招聘的大学毕业生无法满足组织即时的用人需要，要经过一段较长的相互适应期；
（3）招聘所费时间较多，成本也相对较高；
（4）在大学中招聘的员工到岗率较低，而且经过一段时间后，离职率较高。

（五）猎头招聘

"猎头"公司是一种专门为雇主"猎取"高级人才和尖端人才的职业中介机构。企业高层的招聘，选用猎头招聘的效果要远远好于普通的网络招聘，报纸招聘。猎头招聘更具有针对性，筛选的人选更适合企业的需求。

（六）员工推荐

通过企业员工推荐合适人选，也是组织招聘的一种重要形式。由于推荐人既熟悉企业的情况，又了解被推荐者的情况，在企业和被推荐者之间起着桥梁作用，招聘风险相对较小。但是员工推荐要防止产生任人唯亲，拉帮结派现象，同样应该严格按照招聘标准把关。

二、内部招聘

内部招聘是指当企业出现空缺的位置时，主要通过调配企业内部员工来解决人员招聘的问题。内部招聘的主要形式有以下几种。

（一）晋升

通过组织内部晋升来招募人员，有以下三个方面的作用。

(1) 给员工以升职的机会，会使员工感到有发展的机会，对于激励员工非常有利。

(2) 内部提拔的员工对本单位的业务工作比较熟悉，胜任新工作所需的指导和训练较少。

(3) 让员工有稳定感，而且愿意把其长远的职业目标与组织联系在一起，同时可以培养员工的忠诚度。

采用内部晋升的方式，必须具备以下三个条件，才能达到较好的效果。

(1) 获得晋升的人选应该认同企业文化，且晋升职位与本人的职业生涯规划内容相符或相近；

(2) 企业内部有较完善的培训体系；

(3) 内部晋升的制度公开，程序透明。

（二）工作调换

工作调换也叫作"平调"，是企业在内部寻找合适人选的一种基本方法。它能为员工提供一个更广泛了解组织的机会，这对其今后的晋升是至关重要的。

（三）工作轮换

工作轮换是一种短期的工作调动，是指在组织的几种不同职能领域中为员工做出一系列的工作任务安排，或者在某个单一的职能领域或部门中为员工提供在各种不同工作岗位之间流动的机会。

工作轮换有两种具体形式，形式一：受训者到不同部门考察工作但不会介入所考察部门的工作，形式二：受训者介入不同部门的工作。工作轮换有利于促进员工对组织不同部门的了解，从而对整个组织的运作形成一个完整的概念；有利于提高员工的解决问题能力和决策能力，帮助他们选择更合适的工作；有利于部门之间的了解和合作。

三、内部招聘和外部招聘优缺点比较

内部招聘与外部招聘各有其优缺点，适用的情境也不尽相同。企业应根据具体情况进行选择。

（一）内部招聘的优缺点

1. 内部招聘的优点

（1）选任时间较为充裕，了解全面，能做到用其所长，避其所短。

（2）员工对组织情况较为熟悉，了解与适应工作的过程会大大缩短，他们上任后能很快进入角色。

（3）内部提升给每个人带来希望，有利于鼓舞士气，提高工作热情，调动员工的积极性，激发他们的上进心。

2. 内部招聘的缺点

（1）老员工有老的思维定式，不利于创新，而创新是组织发展的动力。

（2）容易造成"近亲繁殖"。在组织内部形成错综复杂的关系网，任人唯亲，拉帮结派，给公平、合理、科学的管理带来困难。

（3）内部备选对象范围狭窄。

（二）外部招聘的优缺点

1. 外部招聘的优点

（1）来源广泛，选择空间大。特别是在组织初创和快速发展时期，更需要从外部大量招聘各类员工。

（2）可以避免"近亲繁殖"，能给组织带来新鲜空气和活力，有利于组织创新和管理革新。此外，由于他们新近加入组织，与其他人没有历史上的个人恩怨关系，从而在工作中可以很少顾忌复杂的人情网络。

（3）可以要求应聘者有一定的学历和工作经验，因而可节省在培训方面所耗费的时间和费用。

2. 外部招聘的缺点

（1）难以准确判断他们的实际工作能力。

（2）容易造成对内部员工的打击。

（3）费用高。

第三讲　员工招聘程序

企业在进行人员招聘时，要遵循相应的程序。招聘工作的整个流程共分为五个阶段，每个阶段的具体工作如图5-2所示。

招聘工作是一个连续的程序化的工作，主要包括编制人力资源需求计划、制订招聘计划、人员甄选、人员录用及招聘评估五个阶段，每个阶段都有不同的工作重点。

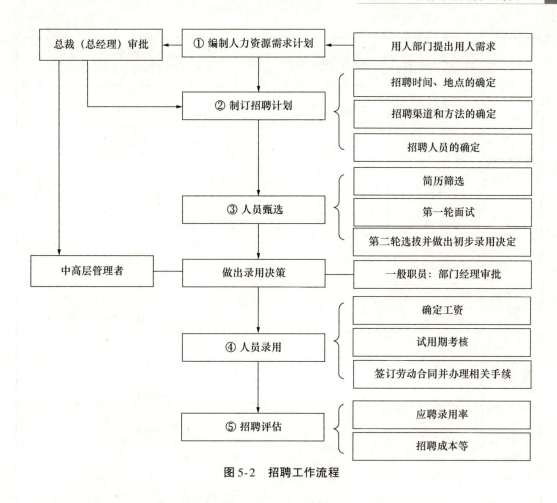

图 5-2 招聘工作流程

一、编制人力资源需求计划

各部门根据用人需求情况,由部门经理填写《招聘申请表》(如表 5-1 所示),报主管经理、总经理批准后,交人力资源部,由人力资源部统一组织招聘。

表 5-1 招聘申请表

申请部门			部门经理(签字)		
申请原因	□ 员工辞退	□ 员工离职	□ 业务增量	□ 新增业务	□ 新设部门
	说明:				
需求计划	使用时间		职务名称与人数		上岗时间
	临时使用(小于 30 天)□		职务 1	人数	
	短期使用(小于 90 天)□		2		
	长期使用(大于 180 天)□		3		

续　表

聘用标准	利用现有《职务说明书》		☐ 可以利用　☐ 不能利用　☐ 局部更改　☐ 尚无《职务说明书》需编写	
	工作内容			
	工作经验			
	专业知识			
	语言表达		性格要求	
	开拓能力		写作能力	
	电脑操作		外语能力	
其他标准				
薪酬标准	基本工资	其他收入		其他津贴
中心总监批示			签字： 日期：	
行政中心批示			签字： 日期：	
总经理批示			签字： 日期：	

人力资源部接到部门申请表后，核查各部门人力资源配置情况，检查公司现有人才储备情况，决定是否从企业内部调动以解决人员需求。

若内部调动不能满足岗位空缺需要，人力资源部将把公司总的人员补充计划上报总经理，总经理批准后人力资源部可进行外部招聘。

二、制订招聘计划

1. 确定招聘渠道

人力资源部根据招聘职位的具体情况，同时结合人才市场情况，确定选择何种招聘渠道。

2. 准备招聘需要的材料

人力资源部应根据招聘需求准备以下几种材料。

（1）招聘广告。招聘广告包括本企业的基本情况、招聘岗位、应聘人员的基本条件、公司的联系方式、应聘时间、地点、应聘时需携带的证件和材料以及其他注意事项。

（2）公司宣传资料。公司简介的小册子、影像资料、有声资料等。

（3）各种招聘工具表。

3．确定招聘时间

在确定招聘时间时应考虑到招聘周期和新员工的培训周期，招聘时间＝到岗时间－招聘周期－培训周期。

4．确定招聘负责人

部门主管在员工挑选中扮演了重要的角色。部门主管通常为自己的部门确认招聘需要，并向人力资源部传达特定的招聘信息，当评估求职者的工作完成后，部门主管通常面临做决策的任务。

5．确定招聘预算

一般招聘所涉及的费用主要包括资料费、广告费、人才交流会费用等，制定招聘预算时需考虑公司财务状况，不可盲目投入。

三、人员甄选

企业发布招聘信息或参加招聘活动后，需要从众多的应聘者当中挑选出合适的人员。人员甄选是指从应聘者的资格审查开始，经过用人部门与人力资源部门共同初选、面试、测试、体检、个人资料核实到人员录用的过程，是整个招聘工作中关键，也是整个招聘工作中技术性最强，难度最大的一个环节。

1．人员甄选的内容

人员甄选主要是对候选人的任职资格和对工作的胜任程度，即与职务匹配程度进行系统、客观的测量和评价，从而做出录用决策。因此，人员甄选内容主要包括以下几方面。

（1）知识。知识可分为普通知识和专业知识。在人员甄选过程中，专业知识通常占主要地位。应聘者所拥有的文凭和一些专业证书可以证明他掌握的专业知识的广度和深度。对于应聘者知识的评价可以通过文凭、笔试、测试等方式进行。

（2）能力。能力是引起个体绩效差异的持久性个人心理特征。通常我们将能力分为一般能力与特殊能力。一般能力是指在不同活动中表现出来的一些共同能力，如记忆力、想象力、观察力、注意力、思维能力、操作能力等。这些能力是我们完成任何一种工作不可缺少的能力。特殊能力是指在某些特殊活动中所表现出来的能力，如设计师需要具有良好的空间知觉能力；管理者就需要具有较强的人际能力、分析能力等，也就是我们常说的专业能力。

（3）个性。个性是指人的一组相对稳定的特征，这些特征决定着特定的个人在各种不同情况下的行为表现。个性与工作绩效密切相关。个性特征通常采用自陈式量表或投射量方式来衡量。

（4）动力因素。员工要取得良好的工作绩效，不仅取决于他的知识、能力水平，还取决于他做好这项工作的意愿是否强烈，即是否有足够的动力促使员工努力工作。在动力因素中，最重要的是价值观，即人们关于目标和信仰的观念。具有不同价值观的员工对不同企业文化的相融程度不一样，企业的激励系统对他们的作用效果也不一样。动力因素通常采用问卷测量的方法进行。

2. 人员甄选的方法

（1）申请表。申请表是最古老的而且运用最广的筛选技术。在申请表中，企业总是希望获得申请者自己提供的过去的许多信息，包括教育背景、就业历史、工作偏好和个人资料。

（2）推荐。一是推荐书信。一般说来，推荐信要求说明被推荐人在该企业或者公司工作的起止年月、职位和所负责任、出勤状况、离开企业或者公司的原因、工作表现、人际关系等。二是访谈推荐人。个人访谈常常是针对需要了解的特殊问题而进行的，如应聘者的技术能力等。通常只有在招聘和筛选高级职位时才使用这种方法，并且事先需要细致的设计和计划，进行访谈的人应该训练有素。

（3）简历分析。根据简历或档案中记载的事实，了解一个人成长历程和工作业绩，从而了解其个性、能力等，为应聘者选择提供决策依据。

（4）笔试法。根据考试的科目不同，笔试可分为基础文化测试和专业知识测试。基础文化测试主要是针对应聘者应具有的基本文化素质而进行的测试，常考的科目有语文、数学、英语等，适用于各种工种和岗位招聘。专业知识测试主要是针对应聘者应具有的专业知识和对公司了解程度而进行测试。

（5）面试法。面试是人员甄选时使用最为普遍的一种甄选方法。根据提问和交流方式的不同，可以将其分为结构化面试、非结构化面试和半结构化面试。从面试参与人员构成情况不同的角度来分，面试可分为个别面试、小组面试和集体面试。

（6）背景调查。背景调查通常是用人单位通过第三者对应聘者的情况进行了解和验证，调查的内容主要包括应聘者的教育状况、工作经历、个人品质、工作能力、个人兴趣等。

（7）其他测验。它包括个性测试、公文筐测试、无领导小组讨论、情景模拟等方法，测验的目的是寻找最适合从事某职位的人员，减少招聘后的流动。

四、人员录用

企业根据对应聘者进行的以上几个程序的考核后，进行所需人员的最终确定。

通知被录用者可以通过电话或者信函联系，联系时要向被录用者讲清提供的职位、待遇、报到日期、地点等信息。录用通知书的格式可参考如下。

项目五　招聘与录用合适的员工

```
                            录用通知书
尊敬的_____先生/女士：
    经我公司研究，决定录用您为本公司员工，欢迎您加盟本公司，请您于_____月_____日
_____时到本公司_____部（处）报到。
    报到须知：报到时请持录取通知书；报到时须携带本人_____寸照片_____张；须携带身份
证、学历学位证书原件和复印件；指定医院体检表；本公司试用期为_____个月；若您不能就职，
请于_____月_____日前告知本公司。

                                                        _____公司人事部
                                                              年    月    日
```

对不合格或决定不录用的应聘者，也应及时告知对方。告知方式除了电话感谢他们的支持外，也可以用辞谢通知书，格式可参考如下。

```
                            辞谢通知书
尊敬的_____先生/女士：
    非常感谢您应征我们公司_____职位。您应征时的良好表现，给我们留下了深刻的印象。
但此次名额有限，暂不能录用，请多谅解。
    我们已经将您的有关资料备案至人才库，如有新的空缺，我们会优先考虑。
    再次感谢您对我公司的关注，祝您早日找到理想的职位。

                                                        _____公司人事部
                                                              年    月    日
```

新员工报到后，企业应与员工在充分平等协商的基础上，签订劳动合同，同时办理相关档案、体检事宜。

五、招聘评估

（一）成立招聘工作评估小组

招聘工作评估小组一般由各级主管领导、人力资源部经理、助理、招聘工作人员及需补充人员的部门领导组成。

（二）招聘评估的内容

招聘评估主要从招聘岗位的人员到岗情况、应聘人员满足岗位的需求情况、应聘录用率、招聘单位成本控制情况、录用人员情况等方面进行评估。

第四讲　招聘评估

招聘评估是招聘过程必不可少的一个环节。通过对成本与效益的核算，能够使招聘员工清楚地知道费用的支出情况；通过对录用员工的绩效、实际能力、工作潜力的评估，以检验招聘工作成果与方法的有效性。

一、招聘评估的作用

(一) 有利于为组织节省开支

通过成本与效益核算能够使招聘人员清楚地知道费用的支出情况，区分出哪些是应支出项目，哪些是不应支出项目，这有利于降低今后招聘的费用。

(二) 录用员工数量的评估

这是对招聘工作有效性检验的一个重要方面。通过数量评估，分析在数量上满足或不满足需求的原因，有利于找出各招聘环节中的薄弱之处，改进招聘工作；同时通过录用人员数量与招聘计划数量的比较，为人力资源规划的修订提供了依据。

(三) 录用员工质量的评估

这是对员工的工作绩效、行为、实际能力、工作潜力的评估，它是对招聘的工作成果与方法有效检验的另一个重要方面。质量评估既有利于招聘方法的改进，又对员工培训、绩效评估提供了必要的信息。

二、招聘评估的步骤

(一) 确定甄选标准

根据岗位的胜任力要求，将招聘甄选标准划分为以下三个维度：人格特征（性格是否满足应聘岗位的要求）；发展动力（是否有意愿从事应聘岗位的工作）；能力（是否掌握完成应聘岗位工作的各项技能）。

1. 人格特征

根据招聘岗位所处的序列、级别及具体的专业，确定该岗位的认知方式、行为风格的标准。

2. 发展动力

(1) 根据公司战略及核心竞争力确定所有岗位的价值观标准；
(2) 根据岗位级别不同划分成就动机标准；
(3) 根据岗位专业的不同划分职业倾向。

3. 能力

(1) 根据岗位工作分析结果确定甄选的硬件标准，包括学历学位、工作经验、资格证书等；
(2) 根据岗位胜任力模型确定软性能力标准，包括领导能力、管理能力、沟通能力、研究能力、操作能力等。

招聘甄选标准应根据岗位的不同分类设置，并非每一个岗位的甄选标准均应包括以上所有维度的各个方面。甄选标准设置以简便、有效、可操作为基本原则。

(二) 选择以评价中心为主的招聘评估方法

评价中心是一种综合性的人事测评方法，其核心特征是使用了情景性的测评方法对被评价者的特定行为进行观察和评价。这种方法通常是将被评价者置于一个模拟的工作情景中，采用多种评价技术，由多个评价者观察和评价被评价者在这种模拟工作情景中的心理和行为。这种方法也被称为"情景模拟法"。

(三) 评估评价结果

通过对所选聘的人进行一段时间的跟踪，来看看他们在测评过程的结果与实际的业绩是否具有较高的一致性。通过这种评估，可以发现所定的评价指标是否合适，现存的评价方法是不是可靠和准确，进而改进评价指标，完善评价方法。

对招聘评价结果的评估，主要从信度和效度两个方面进行。对于评价结果的评估，可选择一定样本量的应聘成功员工，将其半年或年度绩效考核结果与招聘评价结果对比。如果一致性较高，则说明招聘评价体系的信度和效度较高；否则，就需要对招聘评价标准或方法进行修正。

三、招聘成本效益评估

(一) 招聘成本

招聘成本分为招聘总成本与招聘单位成本。招聘总成本是人力资源的获取成本。招聘单位成本是招聘总成本与实际录用人数之比。招聘成本包括：内部成本、外部成本和直接成本。

(1) 内部成本：企业内招聘专员的工资、福利、差旅费支出和其他管理费用等。在实际工作中有时一次流程并不能招聘到适合的人选，需要重复两三次，内部招聘成本更加不容忽视。

(2) 外部成本：外部专家参与招聘的劳务费、差旅费等。

(3) 直接成本：广告、招聘会支出；招聘代理、职业介绍机构收费；员工推荐人才奖励金；大学招聘费用等。

(二) 成本效用评估

成本效用评估是对招聘成本所产生的效果进行的分析。主要包括：招聘总成本效用分析，招聘成本效用分析，人员选拔成本效用分析和人员录用成本效用分析等。以下为具体计算方法：

$$总成本效用 = 录用人数/招聘总成本$$

$$招聘成本效用 = 应聘人数/招聘期间费用$$

$$选拔成本效用 = 被选中人数/选拔期间费用$$

$$人员录用效用 = 真实录用人数/录用期间费用$$

(三) 招聘收益成本比

招聘收益成本比越高，说明招聘工作越有效。具体计算方法为：

$$招聘收益成本比 = 所有新员工为组织创造的总价值/招聘总成本$$

知识检验

1. 招聘通常包括哪些环节？你是怎样认识招聘工作的？
2. 招聘有哪些渠道？试比较内部招聘与外部招聘的优缺点。
3. 员工招聘的流程是怎样的？
4. 你认为应怎样进行招聘工作的评估？

管理技能转化

一、实际应用分析题

1. 某公司是国内知名的建材生产厂商，因业务发展需要招聘若干销售代表，公司通过网站登出广告，一个星期后，公司的人力资源部收到上百份的简历，在以往的简历中，常常存在着虚假信息，而且在面试中，应聘者为了获得工作，也常常隐瞒一些真实情况。如何筛选简历中虚假的信息？

2. 如果你是面试主考官，你要具备什么样的素质，并如何有效地组织一场面试？

二、管理问题诊断与分析

案例 5-1　耐顿公司失败的招聘

NLC 化学有限公司是一家跨国企业，主要以研制、生产、销售医药、农药为主。耐顿公司是 NLC 化学有限公司在中国的子公司，主要生产、销售医疗药品。随着生产业务的扩大，为了对生产部门的人力资源进行更为有效的管理开发，2015 年年初，耐顿公司总经理把生产部门经理于欣和人力资源部门经理田建华叫到办公室，商量在生产部门设立一个处理人事事务的职位，主要负责生产部与人力资源部的协调工作，并且，总经理希望通过外部招聘的方式寻找人才。

会后，人力资源部经理田建华开始着手准备一系列工作，设计了两个招聘方案。第一个方案是在本行业专业媒体中做专业人员招聘，费用为 3500 元，优点是：对口的人才比例会高些，招聘成本低；缺点是：企业宣传力度小。另一个方案为在大众媒体上做招聘，费用为 8500 元，优点是：企业影响力度很大；缺点是：非专业人才的比例很高，前期筛选工作量大，招聘成本高。经过思考，田建华初步选用第一种方案。总经理看过招聘计划后，认为公司在中国大陆地区处于初期发展阶段，不应放过任何一个宣传企业的机会，于是选择了第二种方案。

其招聘广告刊登的内容如下：

您的就业机会在 NLC 化学有限公司下属的耐顿公司

招聘职位：生产部人力资源主管

负责生产部和人力资源部两部门的协调性工作

抓住机会！充满信心！

请把简历发到耐顿公司人力资源部电子信箱：××××××@××××.com

在一周内的时间里，人力资源部收到了800多份简历。田建华和人力资源部的人员在800份简历中筛出70封有效简历；经筛选后，留下5人。于是他来到生产部门经理于欣的办公室，将此5人的简历交给了于欣，并让于欣直接约见面试。部门经理于欣经过筛选后认为可从李楚和王智勇两人中做选择。他们将所了解的两人资料对比如下：

李楚，男，企业管理学士学位，32岁，有8年一般人事管理及生产经验，在此之前的两份工作均有良好的表现，可录用。

王智勇，男，企业管理学士学位，32岁，7年人事管理和生产经验，以前曾在两个单位工作过，第一份工作的主管评价很好，没有第二份工作主管的评价资料，可录用。

从以上的资料可以看出，李楚和王智勇的基本资料相当。但值得注意的是，王智勇的资料中没有第二份工作公司主管的评价。在此期间，李楚在静待佳音；而王智勇打过几次电话给人力资源部经理田建华，第一次表示感谢，第二次表示非常想得到这份工作。

生产部门经理于欣在反复考虑后，与田建华商谈何人可录用。

田建华说："两位候选人看来似乎都不错，你认为哪一位更合适呢？"

于欣说："两位候选人的资格审查都合格了，唯一存在的问题是王智勇工作的第二家公司主管给的资料太少，但是虽然如此，我也看不出他有何不好的背景，你的意见呢？"

田建华说："很好，于经理，显然你我对王智勇的面谈表现都有很好的印象，他的人嘛，有点圆滑，但我想我会很容易与他共事，相信在以后的工作中不会出现大的问题。"

于欣说："既然他将与你共事，当然由你做出最后的决定。"

于是，最后决定录用王智勇。王智勇来到公司工作了6个月，在工作期间，经观察：发现王智勇的工作表现不如期望得好，指定的工作经常不能按时完成，有时甚至表现出不胜任其工作的行为，并引起了管理层的抱怨。显然，他对此职位不适合，必须加以处理。然而，王智勇也很委屈：来公司工作了一段时间，招聘所描述的公司环境和各方面情况与实际情况并不一样。原来谈好的薪酬待遇在进入公司后又有所减少。工作的性质和面试时所描述的也有所不同，也没有正规的《工作说明书》作为岗位工作的基础依据。

（资料来源：http://www.job168.com/e/read_8469.html）

分组讨论

1. 耐顿公司招聘失败的原因是什么？

2. 如果你是田建华，你会如何来招聘？

案例 5-2　江城联合公司的人才选拔

江城联合公司的销售经理杜一鸣正在审阅肖海的简历，肖海申请担任该公司地区销售主管的职务。江城公司是本地同行业中最大的公司，经营范围为销售初等教育直至高等教育的相关教材，以及其他非教育类的出版物。

该公司目前正考虑能否让肖海管理一批员工，专门与大学教授们打交道。肖海是赵杰介绍过来的，而赵杰是公司负责西部地区的销售商中工作非常出色的一名员工，他在短短的一年内，就将自己负责区域内的销售额增加了3倍。虽然他到公司仅两年，但其工作表现已明确表明他将前途无量，而他和肖海从少年时代就是好朋友。

从简历上看，肖海似乎是一个很能"折腾"的人。很明显的一点是在其大学毕业踏入职场的10年里，持续时间最长的一项工作是在南京的一家公司里做了8个月销售部经理，其他时间还做过许多其他的工作，比如记者、导游、卖保险、拍广告、酒店领班，所做的一切都有些出人意料。

尽管如此，杜一鸣还是决定对肖海的申请给予进一步考虑，这主要是因为赵杰的推荐。

杜一鸣和赵杰一起会见了肖海。两人一致认为问题的关键在于：肖海能否安顿下来，为生活而认真地工作。肖海对这个问题持诚恳的态度，他清楚自己以前的工作情况，并很想得到这份工作。肖海看上去有着优越的条件来胜任这份工作。他的父母是名校的大学教授，他自己是在学术氛围中成长起来的，因而充分了解向教授们推销教材的过程中所需解决的各种问题。

在会见后，杜一鸣和赵杰都认为，如果肖海能安顿下来投入工作，他会成为一名出色的销售主管。但他们也意识到还存在着一个问题，那就是肖海有可能再次变得不耐烦而离开公司而去某个更好的地方。不过杜一鸣还是决定暂时雇用肖海。按照公司的招聘程序，雇用之前需对每一位应聘者进行一系列心理测试。测试表明：肖海充满智慧且具有相当熟练的社会技能。

但是，其余几项关于个性和兴趣的测试，却呈现了令公司难以接受的一个结果。测试报告说：肖海有高度的个人创造力，这将使他不可能接受权威，不可能安顿下来投入一个大的部门所要求的工作中去。关于他的个性有多项评估，但所有一切都归于一个结论：他不是公司想雇用的那种人。看了测试结果，杜一鸣又拿不定主意是否向总裁建议雇用肖海。

（资料来源：http://www.chinatat.com/renliziyuanguanlishi/zsl/mal1507169345.shtml，有删改。）

分组讨论

1. 企业外部招聘的渠道主要有哪些？本案例属于哪一种？

2. 面试的目的是什么？面试的提问技巧有哪些？分别举例说明。

3. 影响面试有效性的因素有哪些？

4. 你认为公司是否应录用肖海？假如你是杜一鸣，你会如何处理这件事情？

三、管理实战演练

1. 分组分角色模拟企业招聘，体验企业招聘流程。

2. 山东某高科技公司为满足企业发展需要，拟进行校园招聘，招聘岗位为营销类15人，技术类10人，财务类3人，办公室文员2人。该公司省内的山东大学、烟台大学、青岛大学等主要高校进行现场宣讲、资料发放，并积极宣传公司网站，尽量要求在网上报名。如果你是该公司人力资源部招聘主管，你认为应该如何进行应聘人员的测试选拔？

人力资源管理表格

××公司人事部年度招聘计划报批表

部门有关情况	录用部门	录用职位概况				考试方法和其他		
		职位名称	人数	专业	资格条件	考试方法	招考范围	招考对象
公司核定的编制数								
本年度缺编人数								
本年度计划减员数								
本年度拟录用人数								
备注								

年　月　日

××公司面试表

面试职位		姓名		年龄		面试编号	
居住地				联系方式			
时间		毕业学校				专业	
学历		期望月薪				专长	

工作经历

问题	回答	评价（分数）	
1		5 4 3 2 1	
		理由	
2		5 4 3 2 1	
		理由	
3		5 4 3 2 1	
		理由	
综合议价（分数） A B C D	考官评语	分数总计	

××公司试用保证书

试用保证书

兹同意下列条件：

1. 试用期间：自　　年　　月　　日至　　年　　月　　日止计3个月。
2. 工作单位：在　　　　担任职务。
3. 工作时间：每日工作8小时，如需加班，不得以任何不当理由拒绝。
4. 薪资：依照双方协议，月支人民币　　元，按实际工作日计算，凡缺勤或请假均不给薪。
5. 试用：试用期应遵守公司管理规则，若任何一方对其职不满，则可随时终止试用，均无异议。

　　此致

　　　　　　　　　　　　　　　公司：

　　　　　　　　　　　　　　　立担保书人：

　　　　　　　　　　　　　　　　　　年　　月　　日

▶▶ 相关链接

如何提升招聘效率的七大技巧

一、选择合理的招聘渠道和方法

企业招聘渠道分内部招聘和外部招聘。企业内部招聘花费少，并且能提高员工的工作热诚，起到激励员工的作用。外部招聘的方法比较多，比如广告招聘、人才市场、校园招聘、委托招聘和网络招聘等。企业外部招聘也是一种有效地与外部信息交流的方式，企业可借此树立良好的外部形象。新员工的加入，会给企业带来新的观点和新的思想，有利于企业经营管理和技术创新，防止僵化。网络招聘覆盖面广，无地域限制，省时且费用较低，这些特点比较适合中小民营企业。当然，对于任何企业来说，内外结合的招聘渠道才是最科学的选择。

二、注重企业形象设计和宣传

中小企业实力不强，在吸引人才方面竞争力不如大型企业，在企业形象宣传方面尤其应该重视。招聘人员的职务级别和个人素质，会直接影响到招聘的成功与否。企业对招聘的不重视给应聘者最直接的印象就是该企业对员工不重视。招聘人员的招聘工作态度和谈吐气质，很容易影响应聘者对企业的看法。企业应该在现场的招聘中，从广告刊登、摊位布置到接待面试、场地布置和参观企业等，处处都应突出企业的优势以吸引应聘者。中小企业做好招聘工作，其作用不仅仅是可以招聘到合适的人才，还可以通过招聘工作展示企业的形象，扩大企业的影响力。

三、做好人力资源规划

中小企业要做好人力资源战略规划必须准确界定企业所需要的各类人才，在此基础上开展招聘工作。一是要搞清人才的主次。关系到企业当前发展的关键技术，关键管理岗位的人才需优先考虑。二是要处理好人才"即用与储存"的关系。即用型人才应成为当前的主要对象，但也决不可忽视储备型人才的吸收，因为企业人力资源规划要着眼于企业的战略目标、长远利益，必须建立企业的人才储备库。在界定企业人才时，除专长、能力外，还应看其内在的标准，如是否具有较强的事业心、责任感等。

四、建立明确的招聘目标

在不准确或不完整的需求下招募到的人员，往往在磨合阶段中会给企业带来较大的纠正成本，甚至会影响到工作的分配与执行。中小企业的制度一般不健全，招聘工作可能缺乏职务说明书做参考。因此，人力资源部或招聘人员在招聘前应当通过沟通等方式，引导用人部门准确描述出职位的职责和全面具体的能力素质要求，建立明确的招聘目标。在招聘过程中也应当与用人部门保持畅通的沟通，以确保不偏离招聘需求，从而提高招聘效率与成功率。

五、提高招聘人员的综合素质

每一次招聘都是一个企业形象的展示，招聘人员的素质会影响企业在应聘者心目中的形象。企业应当树立招聘岗位的窗口意识,并让专业人士守好人力资源开发的入口关。在招聘开展前,对参与招聘的人员要进行相关招聘知识的培训与指导工作,让他们准确掌握企业的基本信息;向应聘者传达信息时要做到实事求是,既不能夸大也不能贬低企业待遇等方面的问题,以确保招来的人是真正想来而不是在夸大事实的情况下而被哄骗来;同时招聘小组要与用人部门进行有效沟通,准确把握招聘要求,使录用者与用人部门要求之间的差距达到最小化;最终要做到专业化和职业化。

六、重视对应聘者的背景调查

在录用员工之前的背景调查经常被招聘单位所忽视,但这恰恰是很重要的环节。例如,现在企业销售人员挪用、侵占企业货款甚至携款潜逃的事情时有发生。还有很多应聘者伪造学历、资格证书等,企业没有审查就录用,一旦发现往往为时已晚,因为企业已经为员工在培训、保险等方面投入了很多。还有一些企业利用不正当竞争的手段,故意派遣商业间谍打探公司的机密。这些都可以通过背景调查来避免。开展背景调查可以通过以下几种途径:一是学校学籍管理部门;二是历届服务过的公司;三是档案管理部门、国有单位的人事部门和人才交流中心等。

七、礼貌对待落选人员

中小企业应清楚地认识到应聘者来企业应聘是对企业感兴趣,应当得到尊重与感谢,特别是落选人员,面试结果出来后,应尽快给予礼貌地回答和感谢。同时,将其资料录入企业储备人才库,一旦将来出现岗位空缺或企业发展需要时即可招入,既提高了招聘速度也降低了招聘成本,尤其适合中小企业。另外,有一些应聘人员有退回个人申请资料的要求时,企业一定要有专人负责完整、及时地将资料退还给求职者本人,切不可以"概不退还"一言了之。

(资料来源:http://www.jobmd.cn/article/42617.htm,有删改)

模块三　人力资源的培育

项目六　建立员工培训体系

项目七　构建员工职业生涯管理系统

项目八　开发绩效管理系统

项目六 ■ 建立员工培训体系

知识目标

1. 掌握员工培训的内容、形式与方法；
2. 掌握员工培训的程序。

技能目标

1. 能够进行培训需求分析；
2. 能够选择合适的培训形式和培训方法；
3. 能够按照员工培训的流程组织实施员工培训。

引导案例

惠普的向日葵计划

在惠普，员工们当上部门负责人后，惠普为了帮助年轻的经理人员成长，有一个系统的培训方案即向日葵计划，这是一个超常规发展的计划，帮助中层的经理人员从全局把握职位要求，改善工作方式。员工进入惠普，一般要经历四个自我成长的阶段，第一个阶段为自我约束阶段，不做不该做的事，强化职业道德；第二个阶段为自我管理阶段，做好本职工作，加强专业技能；第三个阶段为自我激励，不仅做好自己的工作，而且要思考如何为团队做出更大的贡献，思考的立足点需要从自己转移到整个团队；第四个阶段为自我学习阶段，学海无涯，随时随地都能找到学习机会。

在惠普，一个经理人不但自己要学习成长，更重要的是让团队成员成长。经理更注重员工培养，当一名新员工入职后，经理会和他（她）一起制定试用期工作目标及相应能力提升培训计划。每年制定年度绩效与发展目标时，经理会就部门业绩指标与部属一起讨论，让每一位员工了解自己的工作职责与绩效，让员工更清晰，对本部门、对公司的经营发展所起的作用，更有一种荣誉和责任感。通过一对一的绩效访谈，确定绩效目标和培训发展目标。在日常工作中，经理们都要花时间对员工进行指导及听取反馈，采用灵活的培训形式，对员工进行培养，以帮助员工达成绩效。惠普的经理有这样一句话："功归他人，过归己任。"惠普的经理更多地提供资源支持及协调统筹，帮助员工达成高绩效是他们的重要工作职责。

（资料来源：http://www.docin.com/p-248082513.html，有改动。）

第一讲 员工培训概述

高素质人才成为企业在高度竞争的市场经济中获胜的必备武器，对组织员工进行科学有效的培训与开发是提高员工素质的必要手段，也是企业人力资源开发的一项重要内容。员工培训无论是对员工个人还是对组织整体都具有深远意义。

一、员工培训的含义

员工培训是组织根据实际工作或培育人才的需要，为改变企业员工的价值观、工作态度和工作行为，以改善他们在现有或将来工作岗位上的工作业绩而进行的有计划、有组织的培养和训练活动。

此概念的理解和把握要注意以下几个方面。

（一）说明了企业进行员工培训的目的和要求

企业进行员工培训的根本目的和出发点是改善员工的工作绩效并以此来提高组织整体绩效。如果经过培训，组织没有实现这一点的话，那么组织的培训工作就是失败的。

（二）说明了企业进行员工培训的内容和范围

培训内容应该与员工现从事或将要在组织中从事的工作有关，与工作无关、与提高员工工作绩效无关的内容一般不在员工培训过程中出现。从长远来看，培训的范围、培训的对象应该是组织全体成员，但具体到某一次培训、某一过程的培训可以是局部人员。

（三）说明了企业进行员工培训是有计划、有组织的活动

员工培训组织根据实际工作或培育人才的需要设计和实施，并不是盲目的行为，它是一种为提高组织整体绩效的计划性、连续性活动。

（四）培训的对象是企业全体员工而不是个别成员

总之，员工培训是人力资源管理的一个核心内容和重要组成部分。人是生产力中最重要、最活跃的因素，也是组织发展最核心的制约因素。组织是否具有生命力，关键要看其对环境变化的适应能力，而要增强整个组织对环境的适应能力，就必须要不断地培训组织员工以提高员工素质。

二、员工培训的目的

培训的出发点和归宿是"企业的生存与发展",可以把企业培训概括为这样一个三位一体的目的,即通过企业或员工履行教育培训的责任和权力,使企业工作富有成效,使企业维持生存和发展,见图6-1。

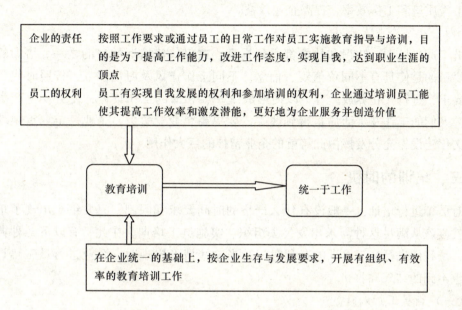

图6-1 培训目的图解

员工培训的目的具体如下。

(一) 适应企业外部环境的发展变化

企业的发展是内外因共同起作用的结果。一方面,企业要充分利用外部环境所给予的各种机会和条件,抓住时机;另一方面,企业也要通过自身的变革适应外部环境的变化。

企业不是一个封闭的系统,而是一个不断与外界相适应的升级系统。这种适应并不是静态的、机械的适应,而是动态的、积极的适应,这就是所谓的系统权变观。外因通过内因起作用,企业要在市场竞争中立于不败之地,关键在于企业内部的机制问题。企业的生存和发展可归结到人的作用上,具体可落实到如何提高员工素质、调动员工的积极性和发挥员工的创造力上。企业作为一种权变系统,作为企业主体的人也应当是权变的,即企业必须不断培训员工,才能是他们跟上时代,适应技术及经济发展的需要。

(二) 满足员工自我成长的需要

员工希望学习新的知识和技能,希望接受具有挑战性的任务、希望晋升,这些都离不开培训。因此,通过培训可增强员工满足感。事实上,这些期望在某种情况下可以转化为自我实现诺言。期望越高,受训者的表现越佳;反之,期望越低,受训者的表现越差。

(三) 提高绩效

员工通过培训,可在工作中减少失误,生产中减少工伤事故,降低因失误造成的损失。同时,员工经培训后,随着技能的提高,可减少废品、次品,减少消耗和浪费,提高工作质量和工作效率,提高企业效益。

(四) 提高企业素质

员工通过培训,知识和技能都得到提高,这仅仅使培训的目的之一。培训的另一个重要目的是使具有不同价值观、信念,不同工作作风及习惯的人,按照时代及企业经营要求,进行文化养成教育,以便形成统一、和谐的工作集体,使劳动生产率得到提高,人们的工作及生活质量得到改善。要提高企业竞争力,企业一定要重视教育培训和文化建设,充分发挥由此铸就的企业精神的巨大作用。

三、培训的时机

对员工进行培训,一般没有什么严格的时间要求和限制,只要组织出现了培训需求,就应该从满足这种需求出发,去组织、实施员工培训。在此,有以下几种典型的情况,是我们进行员工培训的有利时机。当这些情形出现时,企业进行员工培训,会有意想不到的结果和收获。

(一) 新员工加入时

新员工对组织文化、工作环境、要担任的工作都需要一个了解和熟悉的过程。企业对新进员工进行培训,可以促进员工尽快熟悉组织环境,尽快进入工作角色。

(二) 个人或组织绩效下降时

个人或组织绩效下降时,很有可能是因为员工所掌握的知识和技能已不再符合组织的需要;对此,就需要对组织员工进行培训,使其重新适应岗位需求。

(三) 面临特殊任务时

当一项特殊任务来临时,而且要完成这项任务又需要必备特殊的知识和技能,为了顺利完成任务,就必须要对即将完成任务的员工进行必要的培训。

(四) 个别员工出现过错时

组织中个别员工出现过错时,是对其他员工进行教育的大好时机。

第二讲 员工培训的组织管理

员工培训如此重要,而培训活动的成本无论从时间、精力上来说都是不低的,因此精心组织培训过程就显得十分重要。把培训活动看成是一个系统来组织,即如图6-2所示的员工培训系统模型。

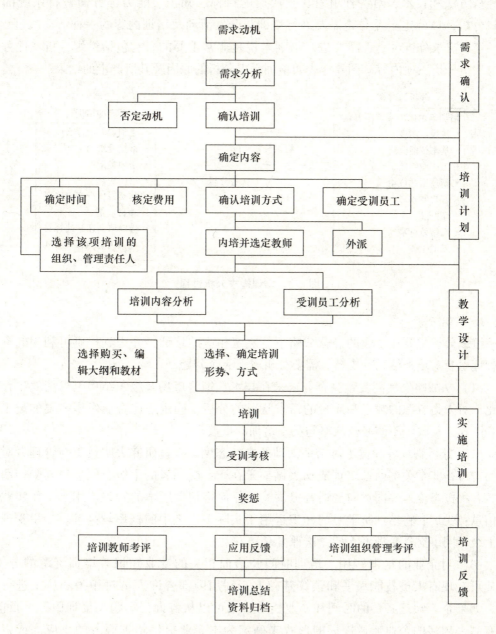

图 6-2 员工培训系统模型

一、培训需求分析

(一) 培训需求分析的概念

培训需求分析是指在规划与设计人力资源培训与开发活动之前,由培训部门、主管员工、工作员工等收集企业战略、组织与员工的相关数据信息,然后采用一定的分析方法和技术，对各种组织及其成员的目标、知识、能力等方面进行系统的鉴别与分析，以确定企业是否需要进行培训与开发活动及培训内容的一种活动或过程。

培训需求分析对是否需要进行培训来说是非常重要的。它包括组织分析、任务分析与人员分析三项内容。图6-3表明培训需求分析的原因及其所产生的结果。

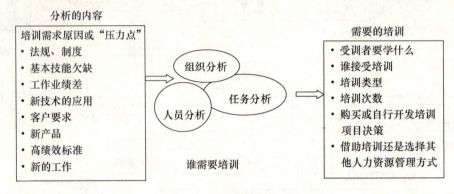

图6-3　培训需求分析过程

1. 组织分析

组织分析是要在企业的经营战略下，决定相应的培训，并为其提供可利用的资源及管理以及对培训活动的支持。需要分析以下3个问题。

（1）从战略发展高度预测企业未来在技术、销售市场及组织结构上可能发生什么变化，对人力资源的数量和质量的需求状况的分析，确定适应企业发展需要的员工能力。图6-3反映了不同经营战略与员工培训的重点。

（2）分析管理者和员工对培训活动的支持态度。大量研究表明员工与管理者对培训的支持是非常关键的。培训成功关键要素在于：受训者的上级、同事对其受训活动要持有积极态度，并同意向受训者提供关于任何将培训所学的知识运用于工作实践中的信息；受训者将培训所学习的知识运用于实际工作之中的概率较高等。如果受训者的上级、同事对其受训不支持，这种概率就不大。

（3）对企业的培训费用、培训时间及培训相关的专业知识等培训资源的分析。企业可在现有人员技能水平和预算基础上，利用内部咨询人员对相关的员工进行培训。如果企业缺乏必要的时间和专业能力，也可以从咨询公司购买培训服务。目前，已有越来越多的企业通过投标的形式来确定为本企业提供培训服务的供应商或咨询公司。

2. 任务分析

任务分析包括任务确定及对需要在培训中加以强调的知识、技能和行为进行的分析。任务分析用以帮助员工准确、按时地完成任务。任务分析的结果是有关工作活动的详细描述，包括员工执行任务和完成任务所需的知识、技术和能力的描述。这里对工作任务的分析并不同于工作分析，而是研究怎样具体完成各自所承担的职责和任务，即研究具体任职人的工作行为与期望的行为标准，找出其间的差距，从而确定其需要接受的培训。

3. 人员分析

人员分析可帮助培训者确定谁需要培训，即通过分析员工目前绩效水平与预期工作绩效水平来判断是否有进行培训的必要。影响员工绩效水平与学习动机包括以下因素。

（1）分析个体特征，即分析员工是否具有完成工作作所应具备的知识、技术、能力和态度。

（2）分析员工的工作输入，即分析员工是否得到一些指导，如应该干些什么，怎样干和什么时候干等。如果员工有工作必备的知识、能力、态度和行为方式，但缺少必要的指导，其绩效水平也不会高。

（3）分析工作输出，即分析员工是否了解工作的目标。有时员工不能达到标准要求的业绩表现，其重要的原因之一是，员工不知道他们应该达到什么样的绩效水平。

（4）分析员工工作结果。如果不知道业绩表现好而受到的各种奖励措施，或员工认为绩效奖励不具有激励作用，那么他们就不愿执行绩效标准，而且团队行为也不会鼓励员工执行绩效标准。

（5）分析员工工作反馈，即分析员工是否能得到执行工作中的有关信息。如果员工在工作中没人定期向其反馈工作表现，或者说员工知道怎样做，但不知道自己做得怎样，其绩效水平也会出现问题及缺乏学习动机。只有在以上分析的基础上才能制定具体的培训项目。

（二）培训需求分析的方法

1. 组织整体分析法

组织整体分析法是从组织的整体现实出发，以战略目标为依据确定组织培训需求的方法。组织整体分析法一般从分析反映组织经营状况的指标开始，如经营环境、利润率、投资回报率、销售利润率、员工流动率、客户满意率、权益报酬率等。通过分析这些指标，找出组织在技术、生产、经营、管理、公众关系等方面的差距，从而确定各种的培训需求。组织整体分析法具有操作方便，容易得出具有普遍意义的培训需求，从而引起高层管理员工重视的优点。但是，这种方法必须以得到充分的数据为基础，并理解掌握它们，然而得到这些详细真实的数据是比较困难的。

2. 任务分析法

任务分析法也称工作分析法或工作盘点法，是依据工作描述和工作说明书，确定员工达到要求所必须掌握的知识、技能和态度。通过系统的收集反映工作特性的数据，对照员工现有的能力水平，确定培训应达到什么样的目标。在工作说明书中一般都会明确以下规定。

（1）每个岗位的具体工作任务或工作职责。

（2）对上岗员工的知识、技能要求或资格条件。

(3) 完成工作职责的衡量标准。除了使用工作说明书和工作规范外，还可以使用工作任务分析记录表，它记录了工作中的任务以及所需要的技能。

3. 员工个人培训需求分析法

员工个人培训需求分析法是员工对自己进行分析，对今后发展要求，并不断寻求进步的一种培训需求分析法，主要是通过员工根据工作感受和自己的职业发展规划，对自身的知识和能力结构进行主管评估，进而确定培训需求。这种方法具有深层性、针对性强和有效调动员工参与培训兴趣的优点。但由于员工很难客观对自己进行评估分析，往往产生不切合实际的培训需求。

4. 问卷调查法

问卷调查法是通过员工填写"培训需求调查问卷"，并对问卷信息进行整理、汇总、分析，从而确定培训需求的方法，这也是组织经常使用的一种方法。这种方法的优点调查面广，资料来源广泛，收集的信息多，相对省时省力。缺点是调查结果间接取得，如对结果有疑问，无法当面澄清或证实；调查对象很容易受问题所误导，获得的深层信息不够等。但在公共关系专家或统计专家的指导下，可以大大减轻这些缺陷的程度。

5. 绩效分析法

绩效分析法是通过考察员工目前的绩效与组织目标的理想绩效之间存在的差距，然后分析存在绩效差距的原因：是不能做还是不想做，还要进一步分析知识、能力和行为改善方面存在的差距的程度，最后确定培训的具体选择。这种分析法主要围绕"缺陷"展开，也称缺陷分析。通常，员工缺陷有两种：一种是"技能"上的缺陷，称之为"不能做"；另一种是"管理"上的缺陷，称之为"不想做"。前一种缺陷是指员工工作技能、工作技巧、工作熟练程度、业务知识水平等方面的不足；后一种缺陷是指员工工作态度、领导层的任务分派和指导、信息沟通与反馈等方面的不足。对于缺陷的分析，可归结为组织和员工个人来两方面的原因。

(1) 技术缺陷。组织方面的原因是工作设计不合理、分配任务不当、工作标准过高、工作条件差。个人方面的原因是未能理解工作任务、缺乏工作所需的知识和技能等。

(2) 管理缺陷。组织方面的原因有薪酬系统不合理、激励不当、人际关系紧张、组织氛围差等原因。个人方面的原因有责任心差、职业道德水平较低等。

6. 观察分析法

观察分析法是亲自看每一位员工的工作状况，如操作是否熟练，完成每件工作需要多少时间等，通过仔细地观察，从中分析出该员工需要培训的内容。该方法虽然简单，但是存在着无法克服的缺陷：如果观察者意识到处于被观察状态，易造成紧张，使其表现失常，使观察结果出现较大的偏差；在评价别人时，受个人成见的影响，评价人都会犯这样或那样的错误，导致评价结果出现偏差；而且消耗时间长是观察法的突出缺陷。

二、培训计划阶段

（一）培训目标的确定

培训目标是指培训活动的目的和预期成果。目标可以针对每一培训阶段设置，也可以面向整个培训计划来设定。培训是建立在培训需求分析的基础上的。培训目标确定的作用表现在：它能结合受训者、管理者、企业各方面的需要，满足受训者方面的需要；帮助受训者理解其为什么需要培训；协调培训的目标与企业目标的一致，使培训目标服从企业目标；也可使培训结果的评价有一个基准；有助于明确培训成果的类型；还能指导培训政策及其实施过程；为培训的组织者确立必须完成的任务。

培训目标一般包括三方面的内容：一是说明员工应该做什么，二是阐明可被接受的绩效水平，三是受训者完成指定学习成果的条件。培训目标确定应把握以下原则：一是使每项任务均有一项工作表现目标，让受训者了解受训后所达到的要求，具有可操作性；二是目标应针对具体的工作任务，要明确；三是目标应符合企业的发展目标。

（二）培训方案设计

培训方案的设计是培训目标的具体操作化，即目标告诉人们应该做什么，如何做才能完成任务，达到目的。主要包括以下一些内容：选择设计适当的培训项目；确定培训对象；培训项目的负责人，包含组织的负责人和具体培训的负责人；培训的方式与方法；培训地点的选择；根据既定目标，具体确定培训形式、学制、课程设置方案、课程大纲、教科书与参考教材、培训教师、教学方法、考核方法、辅助器材设施等。

制订培训方案必须兼顾企业具体的情况，如行业类型、企业规模、客户要求、技术发展水平与趋势、员工现有水平、政策法规、企业宗旨等，最关键因素之一则是企业领导的管理价值观和对培训重要性的认识。表6-1展示了培训计划方案的具体内容。

表6-1 具体的培训计划内容

项目	具体内容
培训目的	每个培训项目都要有明确目的（目标），为什么培训？要达到什么样的培训效果？怎样培训才有的放矢？培训目的要简洁，具有可操作性，最好能够衡量，这样就可以有效检查员工培训的效果，便于以后的培训评估
培训对象	哪些人是主要培训对象？这些人通常包括中高层管理员工、关键技术员工、营销员工，以及业务骨干等。确定了培训对象就可以根据员工，对培训内容进行分组或分类，把同样水平的员工放在一组进行培训，这样可以避免浪费培训
培训课程	培训课程一定要遵循轻重缓急的原则，分为重点培训课程、常规培训课程和临时性培训课程三类。其中，重点培训课程主要是针对全公司的共性问题、未来发展大计进行的培训，或者是针对重点对象进行的培训

续 表

项目	具体内容
培训形式	培训形式大体可以分为内训和外训两大类，其中，内训包括集中培训、在职辅导、交流讨论、个人学习等；外训包括外部短训、MBA 进修、专业会议交流等
培训内容	培训计划中每一个培训项目的培训内容是什么。培训内容涉及管理实践、行业发展、企业规章制度、工作流程、专项业务、企业文化等课程。从员工上讲，中高层管理员工、技术员工的培训以外训、进修、交流参观等为主；而普通员工则以现场培训、在职辅导、实践练习更加有效
培训讲师	讲师在培训中起到了举足轻重的作用，讲师分为外部讲师和内部讲师。涉及外训或者内训中关键课程以及企业内部员工讲不了的，就需要聘请外部讲师
培训时间	包括培训执行的计划期或有效期、培训计划中每一个培训项目的实施时间，以及培训计划中每一个培训项目的课时等。培训计划的时间安排应具有前瞻性，时机选择要得当，以尽量不与日常的工作相冲突为原则，同时要兼顾学员的时间
培训地点	包括每个培训项目实施的地点和实施每个培训项目时的集合地点或召集地点
考评方式	采用笔试、面试还是操作，或是绩效考核等方式进行
调整方式	计划变更或调整的程序及权限范围
培训预算	包括整体计划的执行费用和每一个培训项目的执行或实施费用。预算方法很多，如根据销售收入或利润的百分比确定经费预算额，或根据公司人均经费预算额计算等

三、培训实施阶段

培训实施是员工培训系统关键的环节。在实施员工培训时，培训者要完成许多具体的工作任务。要保证培训的效果与质量，必须把握以下几个方面。

（一）选择和准备培训场地

选择什么样的培训场地是确保培训成功的关键。首先，培训场地应具备交通便利、舒适、安静、独立而不受干扰，为受训者提供足够的自由活动空间等特点。其次，培训场地的布置应注意一些细节：检查空调系统以及临近房间、走廊和建筑物之外的噪声；场地的采光、灯光与培训的气氛协调；培训教室结构选择方形，便于受训者看、听和参与讨论；教室的灯光照明适当；墙壁及地面的颜色要协调，天花板的高度要适当；桌椅高度适当，椅子最好有轮子，可旋转便于移动等；教室电源插座设置的数量及距离也要适当，便于受训者使用；墙面、天花板、地面及桌椅反射能保持合适的音响清晰度和音量。最后，注意座位的安排，即应根据学员之间及培训教师与学员之间的预期交流的特点来布置座位。一般来说，扇形座位安排对培训十分有效，便于受训者相互交流。

（二）课程描述

课程描述是有关培训项目的总体信息，包括培训课程名称、目标学员、课程目标、地点、时间、培训的方法、预先准备的培训设备、培训教师名单以及教材等。它是从培训需求分析中得到的。

（三）课程计划

详细的课程计划非常重要，包括培训期间的各种活动及其先后次序和管理环节。它有助于保持培训活动的连贯性而不论培训教师是否发生变化；有助于确保培训教师和受训者了解课程计划和项目目标。课程计划包括课程名称、学习目的、报告的专题、目标听众，培训时间、培训教师的活动、学员活动和其他必要的活动。

（四）选择培训教师

员工培训的成功与否与任课教师有着很大关系。特别是近些年的员工培训，教师已不仅仅是传授知识、态度和技能，而且是受训者职业探索的帮助者。企业应选择那些有教学愿望、表达能力强、有广博的理论知识、丰富的实践经验、扎实的培训技能、热情且受人尊敬的人为培训教师。

（五）选择培训教材

培训的教材一般由培训教师确定。教材有公开出版的、企业内部的、培训公司的以及教师自编的四种。培训的教材应该是对教学内容的概括与总结，包括教学目标、练习、图表、数据以及参考书等。

（六）确定培训时间

适应员工培训的特点，应确定合适的培训时间，何时开始、何时结束、每个培训的周期培训的时间等。

四、培训反馈阶段

（一）培训效果与培训评估的含义

培训效果是指企业和受训者从培训当中获得的收益。对于企业来讲，培训效果是因为进行培训而获得绩效的提升和经济效益，对于受训者来讲，培训效果则是通过培训学到各种新知识和技能，培训所带来的绩效的提高以及获得担任未来更高岗位责任的能力。

培训评估是一个系统的搜集有关人力资源开发项目的描述性和评判性信息的过程，其目的是有利于帮助企业在选择、调整各种培训活动以及判断其价值的时候做出更明智的决策。培训评估是一个完整的培训流程的最后环节，对整个培训活动实施成效的评价和总结，同时评估结果又是下次培训活动的重要输入，为下一个培训活动、培训需求的确定和培训项目的调整提供重要的依据。

（二）培训评估的模型

美国威斯康星大学教授柯克帕特里克于1959年提出的培训效果评估的四层次模型是最有影响力的，是被全球职业经理人广泛采用的模型。该模型认为评估必须回答四个方面的问题，从四个层次分别进行评估，即受训者的反应（受训者满意程度）、学习（知识、技能、态度、行为方式方面的收获）、行为（工作中行为的改进）、结果（受训者获得的经营业绩）对组织的影响，如表6-2所示。

表 6-2　柯克帕特里克的培训评估模型

评估层次	内容	可询问的问题	衡量方法
反应层	观察学员的反应	• 学员喜欢该培训课程吗 • 课程对自身有用吗 • 对培训教师及培训设施等有何意见 • 课堂反应是否积极主动	问卷、评估调查表填写、评估访谈
学习层	检查学员的学习结果	• 学员在培训项目中学到了什么 • 培训前后，学员知识、技能等方面有多大程度的提高	评估调查表填写、笔试、绩效考试、案例研究
行为层	衡量培训前后的工作表现	• 学员在学习基础上有无改变行为 • 学员在工作中是否用到培训所学的知识、技能	由上级、同事、客户、下属进行绩效考核、测试、观察和绩效记录
结果层	衡量公司经营业绩变化	• 行为改变对组织的影响是否积极 • 组织是否因培训而经营得更好	考察事故率、生产率、流动率

反应评估是指参与者对培训项目的评价，如培训材料、培训师、设备、方法等。受训者反应是培训设计需要考虑的重要因素。

学习评估是测量原理、事实、技术和技能获取程度。评估方法包括纸笔测试、技能练习与工作模拟等。

行为评估是测量在培训项目中所学习的技能和知识的转化程度，受训者的工作行为有没有得到改善等。这方面的评估可以通过参与者的上级、下属、同事和参与者本人对接受培训前后的行为变化进行评价。

结果评估是在组织层面上绩效是否改善的评估，如节省成本、工作结果改变和质量改变。

第三讲　员工培训的形式与方法

一、培训的形式

员工培训的形式根据不同的标准可以有多种类型的划分。

（一）按照培训对象与岗位工作关系来划分

按照培训对象与岗位工作关系的不同划分为岗前培训、在岗培训。

1. 岗前培训

岗前培训主要是指对组织新进员工在上岗之前进行的培训，所以又被称为新员工培训。这种培训主要是为了让新进员工尽快了解、熟悉组织文化、工作环境以及所担任的工作，以便尽快融入组织，进入工作角色。对于大多数企业而言，开展岗前培训有两个方面的重要内容：一是通过组织高层管理者介绍组织目标、使命、管理思想、规章制度、工作内容、工作关系、工作职责等来进行组织文化教育，这种培训可以培养和激发新进员工的责任心、归属感;二是技能培训,包括技术技能和人际技能,目的是使员工掌握从事工作所必需的各种技能,为以后胜任本职工作奠定基础。此外,岗前培训可以增强新进员工信心,提高绩效。

2. 在岗培训

在岗培训是针对已经在某工作岗位上进行工作的员工开展的培训。组织结构纵向层次与横向部门的划分,产生了若干工作岗位,每一个岗位对所需人员来讲在理论知识、专业知识和操作技能方面都有着特定的要求。由于环境的变化、科技的发展,组织员工所具备的知识、技能出现了相对的退化,在岗培训就是弥补这种岗位与员工所具备的知识、技能之间的差距而进行的。岗前培训与在岗培训的区别如表6-3所示。

表6-3　岗前培训与岗位培训的区别

岗前培训		在岗培训	
一般性培训	专业性培训	管理人员培训	专业性培训
公司的历史、传统与方针	就业规则、薪酬与晋升制度	观察、知觉力 分析、判断力	行政人事培训 财务会计培训
公司风气,公司理念、价值观	劳动合同	反思、记忆力 推理、创新力	营销培训 生产技术培训
本行业的现状与公司的地位	安全、卫生、福利与社会保险	口头文字表达力	生产管理培训 采购培训
企业的制度与组织结构	技术、业务、会计等各种管理方法训练	管理基础知识 管理实务	质量管理培训 安全卫生培训
产品知识、制造与销售		情商	计算机培训 其他专业性培训
公务礼仪、行为规范		其他管理	

(二) 按照受训者层次和工作性质来划分

按照受训者层次和工作性质的不同可以分为管理者培训和基层操作者培训。

1. 管理者培训

管理者是为保证组织正常运行,在组织中负责对组织的资源进行计划、组织、领导和控制等管理活动的有关人员。对于此类人员应着眼于管理知识、理论、技术以及先进的管理方法培训。

2. 基层操作者培训

所谓操作者是在组织中直接从事具体业务的人员,他们的任务是完成组织下达给自己的具体的操作业务。因此,对于此类人员的培训,应该针对其具体的工作岗位教授必备的岗位知识和提高其操作技能。

(三) 按照具体的培训形式来划分

按照具体的培训形式的不同又可分为在职培训和脱产培训。

1. 在职培训

这种培训方式要求员工不离开自己的工作岗位，在实际的工作过程中进行培训。

2. 脱产培训

脱产培训是受训者完全离开自己的工作岗位，特意拿出一段时间进行专门培训。相对于在职培训而言，脱产培训过程中，由于受训人员离开了工作岗位专门集中时间学习，所以能够得到充足的时间，也更能够集中精力，培训效果最好。主要适用于管理者，或者是可能得到晋升的人员。

二、培训的方法

（一）企业培训的具体方法

企业进行员工培训的方法有许多，有传统的通过传递二手甚至若干手的知识、经验和技能的代理性学习培训，也有通过学员自己亲身、直接的经验来进行的亲验性学习培训。目前来看，主要有以下几种培训方法。

1. 课堂讲授

授课是传统教育阶段学校常用的方法，主要由培训者讲述知识，由受训者记忆知识，中间会穿插一些提问，由受训者来回答。授课的效果完成取决于培训师的演讲水平，即使培训师的演讲水平很高，但培训效果仍不理想，主要原因是这种方法不太符合成人学习原则。此外，课堂讲授又是一种单向沟通，而且只用了视觉和听觉两种感知通道。所以，企业培训中此种方法大多作为一种辅助方法使用。但课堂教学对于某些类型员工的培训仍然是有效的；它的一个最大的优点是教室可以在相对较短的时间内传递大量信息。

2. 案例研究

案例研究是让受培训者解决模拟经营中问题的一种培训方法。要求每个人研究案例提供的信息，并根据具体情况做出决策。如果给学生提供一个真实企业的案例，则要求他研究这家企业，对其采取状况和经营环境做出正确的评价。案例研究一般在教室进行，教师的作用是引导学生。案例研究的目的是培训受训者如何来分析信息、如何来产生一些方法，以及如何来评价这些方法，通过案例分析，受训者学习如何把一些原则转移到现实的问题中。由于案例研究费用较低效果较好，因此被广泛使用。

3. 小组讨论

选择受训者感兴趣的题目，寻找一些不同观点，引导讨论，此形式能对某一题目进行深入的工作和讨论，是常用的主持方法。小组讨论首先要确定小组分组，再区分小组讨论的题目，题目可同可异，事先要特别注意对题目解释清楚，这样可以避免讨论的偏离轨道以及消除理解上的差异。在讨论过程中，各个小组成员之间应该遵循平等的原则，在主持人规定的讨论时间内积极开动脑筋，献计献策，踊跃发言，而不要有所顾虑。在小组讨论时，要派出专门人员做好适当的记录。讨论完以后，每个小组选出发言人宣讲讨论的结果。小组讨论的形式可分两种，一种是竞争性的，即不同小组讨论同一题目；另一种是补充性的，即不同的小组讨论不同的题目，具体采用哪种形式视主持的目的、要求而定。

4. 角色扮演法

这种方法给受训者提供一个真实的情景，让受训者扮演不同的角色，借助角色的演练来理解角色的内容。这种方法比较适用于培训人际关系技能（受训者要扮演的角色常常是工作情景中经常碰到的人物角色）和管理人才的开发。他们不是通过听说如何处理一个问题，甚至也不是讨论如何处理问题，而是通过实际去做来进行学习。

5. 工作轮换

工作轮换是将员工由一个岗位调到另一个岗位轮流工作以使其全面了解组织不同工作内容、扩展经验的培训方法。这种知识、经验扩展对完成更高水平的任务常常是很有必要的，而且主要用于管理者培训。

6. 游戏训练

通过设计一些内含许多与员工工作有密切关系的一类游戏活动，让员工在游戏活动的过程中潜移默化地接受培训，丰富知识、提高技能、端正态度。此种方法受到大多数员工的欢迎，参与性高，实用性强，培训效果良好。但是成本较高，游戏设计要求高、难度大。

7. 辅导

辅导是受训者以一对一的方式向经验丰富的员工进行学习的一种在职管理人才开发的方法。辅导者通常是年长及有经验的经理，他以朋友、知己和顾问的身份对新员工进行辅导。辅导者可以是组织中任何职位的人。在辅导工作中，辅导者和被辅导者双方的兴趣必须一致，必须相互理解对方的心理。

8. 影像观摩

影像观摩是指用事先准备好的一手或二手视觉材料，使员工在观看视频的过程中获取知识、技能，进行思考并提升自我。

9. 网络培训法

网络培训法主要是指通过网络来传递信息以开展培训的一种方法。

(二) 培训方法的选择

1. 结合成人学习的特点

通过前面的介绍我们已经知道，员工培训是一种成人学习行为，相对于传统意义上的教育阶段的学习来讲，成人学习有着许多特点。

(1) 成人学习具有明确的目的性。这种目的成为员工接受培训、进行学习的动机，而且也直接影响到培训的效果。

(2) 学习过程中往往把所培训的知识和技能与自己的经验和经历相连接，而且这种经历对学习过程会产生明显影响。

(3) 逻辑记忆能力较强，机械记忆能力较弱，分析能力强。

2. 效果比较

课堂讲授的效果最差，但是费用也最低；效果最好的是研讨会，其费用中等偏低，是大多数企业进行员工培训的首选方法。

3. 注意培训内容的要求

如果要使员工获得知识，可以选用研讨会、角色扮演等方法；如果要使员工转变态度，可以选用角色扮演、研讨会等方法；如果要使员工掌握解决问题技能，可以选用案例研究、游戏、角色扮演等方法；如果要使员工掌握人际关系技能，可以选用角色扮演、游戏等方法。

关于方法的选择，很难讲哪种方法比其他的方法更优越，但是根据既定的培训项目的目标，我们可以发现存在着一些比较有效的方法。此方法是让人事专家评价各种培训方法在帮助员工获得知识、改变态度、解决难题技巧、人际沟通技能等方面的有效性，所排列的次序越高，反映了专家认为这种方法越有效。具体如表6-4所示。

表6-4 培训方法有效性比较

培训方式	获得知识	改变态度	解决难题技巧	人际沟通技能	参与许可	知识保持
案例研究	2	4	1	4	2	2
研讨会	4	3	4	3	1	5
讲授	9	8	9	8	8	8
游戏	6	5	2	5	3	6
影像观摩	4	6	7	6	5	7
程序化教学	1	7	6	7	7	1
角色扮演	7	2	3	2	4	4
敏感性训练	8	1	5	1	6	3
电视教学	5	9	8	9	9	9

知识检验

1. 员工培训的含义与特点是什么？
2. 员工培训的组织工作流程是怎样的？
3. 员工培训的具体形式有哪些？各自的适用条件是什么？
4. 员工培训的内容和方法是什么？

管理技能转化

一、实际应用分析题

1. 假如你是某企业营销部门的负责人，你有没有对本部门员工进行培训的责任，如果有，那么你认为本部门进行员工培训的主要内容有什么侧重？

2. ××公司进行了一次推销员推销技能培训班，受训的推销员20人，为期3天，培训费10万元，受训前每位推销员一年的销售净利为10万元，受训后每位推销员一年的销售净利润为11万元，培训的效果可持续3年。试计算该公司的培训效益。

3. 有人说，许多企业培训工作做得好是因为有强大的经济实力做后盾。如果企业的规模很小，而且资金又不充分，你认为应该如何安排好培训？并说明理由。

4. 有人说人力资源开发就是培训，对此你怎么看？

二、管理问题诊断与分析

案例6-1 做员工培训，值得吗？

青春化妆品公司是南方某市一家有名的生产女用系列化妆品的国有公司，公司创办于1990年，主要生产和经营化妆品和幼儿保健用品。在创办最初的十多年里，该公司每年以25%的速度迅速地发展，产品不但销往全国各省市，而且销往国外十多个国家和地区。

2010年后，负责国外地区销售的副主任春花被提升为销售部经理。春花上任后不久，即参照国外的经验制订了有关销售人员的培训计划。计划规定对销售人员集中培训两次，一次是在春节期间，另一次为六月份最后一个星期，每次时间为3~5天。把所有的销售人员集中起来，听取有关国内外最新销售技术知识的讲座和报告，再结合公司的销售实际进行讨论。每次培训公司都聘请一些专家顾问参加讲座和讨论。虽然每年集中培训两次的费用不高（每次40多个人，费用只用了六千多元），但培训收效却很大。

近年来，由于化妆品市场的激烈竞争，公司的生意停滞不前，公司在经济上陷入了困难。为了扭转局势，总经理下令，要求各副总经理都要相应地削减各自负责领域的费用开支。

在这种情况下，负责销售的副总经理杨旭便找销售部经理春花商讨，他们两人在是否应削减销售人员的培训问题上进行了讨论。副总经理杨旭建议把销售人员原来一年两次的培训项目削减为一次。杨旭提出："春花，你知道，我们目前有着经济上的困难，一则希望通过裁减人员来缩减开支。你我都知道，公司的销售任务很重。目前四十多位销售人员还转不过来，所以，人员不能裁减。那么剩下的一条路就是削减培训项目了。我知道，我们目前的销售人员大多数都是近几年招进来的大学毕业生，他们在学校里都已经学过关于销售方面的最新理论知识，他们中有些人对这种培训的兴趣也不是很大。而少数销售人员虽不是大学毕业，但他们都在销售方面有丰富的经验。因此，我认为销售人员的培训项目是不必要的开支，可以取消或缩减。"

春花回答道："老杨，我知道，我们大多数销售人员都是近几年来的大学毕业生。但是，你要知道，他们在大学里学的只是书本上的理论知识和抽象的概念，只有在第一线做了销售工作以后，才能真正理解在学校里学习到的理论知识。再则，我们正处于由计划经济向市场经济的过渡阶段,我们对市场经济下所需的销售技术还了解得很少,对国外销售方面的最新技术了解更少。你是知道的,在培训中,我们让从学校出来的学生与有经验的销售人员一起工作一段时期,他们在实际销售工作中碰到许多具体的问题,在此基础上再参加我们的培训,一边听取有关最新销售技术知识的讲座和报告,一边结合我们公司的具体实际与专家们共同研讨。正是由于我们坚持不懈地进行了这种培训,我们才在国内和国际市场上扩大了我们的销售量,也才减少了顾客对我们的抱怨,赢得了顾客的信誉。因此,我认为,我们决不能削减我们这个培训项目!"

"对不起,春花。总经理要我们必须缩减开支,我真的没有办法。我对你说了,我们销售任务很重,我们不能裁减销售人员,所以我们只得通过削减销售人员培训计划来缩减开支了。我决定,从明年开始,把每年两次的培训项目缩减为一次,总之,销售人员的培训削减50%~60%。也许,等公司的经济好转以后,我们再考虑是否恢复增加销售人员的培训费用问题。"

(资料来源:http://wenku.baidu.com/view/b8705de7524de518964b7daa.html,有改动。)

分组讨论

1. 你是否同意在公司经济困难的情况下,人员的培训计划可以被挤掉?为什么?
2. 你有什么好方法能使这两个销售经理都感到满意?
3. 你是否同意春花把培训和实践相结合的培训方法?有无补充?

案例6-2 某公司的岗前培训

某公司是国内一家民营医药企业,为应对新产品上市导致的人员紧缺,在全国各地招聘了60名刚毕业的大学生。为了使这些新员工尽快适应工作,该公司人力资源部对这些新员工进行了为期一天的岗前培训,培训的内容以"任务与要求""权利与义务"为主,培训结束后还发给每人一本员工手册。令人意想不到的是,在不到一个月内,就有二十多名新员工纷纷辞职。问及他们辞职的理由,有的人认为,该公司给予他们的薪酬还可以,只是工作压力大;有的人则认为,对销售工作心中没底,又没有老员工带,什么都靠自己摸索,工作难度太大了。

(资料来源:http://www.etest8.com/renli/jineng/790519.html,有改动。)

分组讨论

1. 该公司的岗前培训存在哪些问题?
2. 企业在组织岗前培训时应按什么步骤进行?

三、管理实战演练

1. 寻找一家企业组织,调查其有无开展员工培训?如果有,请分析一下其员工培训的内容特征,判断其不足或缺陷并帮其完善。
2. 根据某企业的实际培训情况和结果完成下表,请在对应的位置打"√"。

绩效标准	很好	略好	无改变	略坏	很坏	不知道
工作量的提高						
工作质的提高						
工作安全						
环境保护						
员工的态度及士气						
员工出勤情况						

人力资源管理表格

年度培训计划表

序号	培训类别	培训班名称	举办部门	培训人数	培训时间	培训内容	教师	教材	培训地点	备注

培训项目实施表

计划项目	具体内容
培训项目	
培训对象和人数	
培训时间	
培训地点	
培训性质	
培训讲师	
培训组织者	
培训费用说明	
开发与培训主管审核意见	
主管部门领导意见	

年　　月　　日

培训评估表

部门	
科室	
姓名	
职务	
培训课程名称	
请根据下列方面对你的培训课程进行评估,并将评估分数和意见写在相应的栏目中:A 代表非常满意,B 代表比较满意,C 代表可以接受,D 代表比较不满意,E 代表非常不满意。	
培训地点	评价意见
培训日期	评价意见
培训时间	评价意见
培训者	评价意见
每次授课内容	评价意见
培训工具的使用	评价意见
每次授课的关联性	评价意见
总体课程的关联性	评价意见
备注	
填表人签名	核准人
日期	

员工培训反馈信息表

培训名称及编号		参加人姓名	
培训时间		培训地点	
培训方式		使用资料	
培训者姓名		主办单位	
培训后反馈信息	受训人员意见	1. 课程安排是否合理； 2. 所学内容与工作联系是否密切； 3. 主管是否支持本次培训； 4. 对所学内容是否感兴趣； 5. 所学内容能否用于工作中； 6. 对教师的授课方式是否满意； 7. 教师授课是否认真； 8. 教师是否能够针对学员特点安排课堂活动	
		对公司下次派员工参加本训练课程的建议事项	
		年　月　日	

▶▶ 相关链接

制订员工培训计划的注意事项

员工培训对企业持续发展至关重要。培训计划的制订是整个培训过程的最主要环节，决定了整个培训活动能否成功。因此，培训计划的每个步骤都要经过科学合理的规划、安排。

关键词： 培训计划　培训误区

一、目前企业员工培训的误区

1. 培训是培训部门的事情

部门主管把培训看作是人力资源部门或培训部门的事情，事实上部门主管也有培训下属员工的权利和义务，而且主管的言传身教更能对员工的成长起到示范和促进作用。

2. 培训仅是一种福利

这种观念忽视了员工参加培训的义务性，容易造成员工漠视培训，不注重培训效果的提高。企业没有把员工参加培训纳入到绩效考评中。

3. 培训要有所保留

这种情况经常会发生在"师傅带徒弟"的模式中，师傅在传授技能的时候，常常会留一手，以防"教会徒弟饿死师傅"。事实上，在现代社会中，一个人单打独斗是不可能成功的，不把下属培训好，就无法发挥组织效能，部门绩效不好，还是会影响主管的业绩。

4. 跟着流行走

许多管理者看当下流行什么就培训什么，报纸宣传现代企业制度，就立即组织现代企业制度培训；网络宣传提高执行力，就马上组织执行力培训。这样的培训并没有建立在对员工培训需求进行科学分析的基础之上，缺乏针对性，其效果也就可想而知了。

二、制订培训计划要注意的问题

要走出员工培训的误区，有赖于科学合理地制订一份详细的培训计划。

1. 培训计划要有针对性，切忌一刀切

在制订培训计划之初，要了解员工的培训需求，根据各人的不同情况因材施教。培训需求分析作为人力资源培训计划制订的初始环节，其准确程度直接决定着整个培训计划的合理性、科学性。这就需要通过与各部门充分沟通，以获取清晰的企业培训需求信息。需求信息的重点包括企业员工目前的技术水平、管理水平和知识架构以及企业未来发展对员工提出的技能、知识层面的要求。在获得准确的企业培训需求信息以后，就可以进行培训需求的分析了。如美国强生公司，每年年底都会对员工进行绩效评估，员工每年要填写一张"节目单"，归纳出自己在这一年内需要加强的方面，公司会根据评估结果和员工的要求制订出与之匹配的培训计划。

2. 培训计划要有全面性，切忌单一

培训计划的全面性，是指基于公司和员工的整体发展考虑来设计培训内容。按培训内容划分为知识培训、技能培训和素质培训；按公司层级可分为基层培训、中层培训、高层培训；按员工性质可分为新进员工的入职培训，老员工的继续教育培训，等等。究竟该选择哪方面的培训，应根据各个培训内容层次的特点和培训需求分析来选择。如英特尔的员工培训包括新员工培训、技术培训、管理培训、领导力培训等内容。通过一系列培训计划的实施，使员工适应工作环境，熟悉英特尔的企业文化与价值观、岗位职责，并胜任其岗位。

3. 计划要有层级性，激励员工向上

计划的层级性，是指各级培训分别以前一层培训为基础，员工接受的课程与所获得的技能依次提高。如对中高层管理者的培训，在培训内容、培训方式的选择上要有连贯性和递进性，由浅入深，由实务向战略一步步提升。这就要求人力资源管理部门在制订年度培训计划的时候，要综合考虑公司之前已进行过的培训课程，在此基础上选择能进一步提升的培训内容，不能重复，也不能搞跳跃。如西门子在中国的公司，从第五级到第一级，培训内容从管理理论教程、高级管理教程、总体管理教程升级到西门子执行教程。这对较低层的员工有一种激励作用，刺激他们不断努力以接受更上一层的培训，同时达到培训与激励的目的。

4. 计划要有完整性，需包含培训的各个环节

一是培训课程的安排，必须将企业的实际情况和培训对象的接受能力考虑在内。

二是受训者及培训老师的确定,一般培训老师分为内部讲师和外聘教师,企业要根据自身培训的目的和内容来选择。三是培训方式的选择。培训方式有讲授法、视听技术法、讨论法、案例研讨法、角色扮演法、自学法、互动小组法等。总之,有效的培训要将各种培训方法进行灵活的运用,使整个培训既不枯燥,又使员工易于接受。四是培训项目的安排,包括培训时间、培训场所的选择、培训费用预算等在内的培训项目信息。五是对培训项目、培训过程和效果进行评价,能够明确培训项目选择的优劣,了解培训预期目标的实现程度,为后期培训计划、培训项目的制定与实施等提供有益的帮助。

总之,人力资源部门在制订培训计划时需要提出对于企业内部的培训管理制度、培训管理工作的职责体系分工的要求,取得各层次人员最大的支持与配合,才能使培训活动得以有效的组织和顺利开展。

(资料来源:http://www.chinahrd.net/article/2013/02-20/20392-1.html)

项目七 ■ 构建员工职业生涯管理系统

知识目标

1. 掌握职业生涯、职业生涯管理的含义及相关概念；
2. 理解职业生涯管理的意义；
3. 掌握职业生涯发展的各种理论。

技能目标

1. 能够进行职业生涯规划；
2. 能够分析并解决职业生涯规划中的实际问题。

引导案例

关于哈佛毕业生的调查

在某一年，一群意气风发的学生从哈佛大学毕业了，他们即将开始踏上自己的职场旅程。他们的智力、学历、环境条件都相差无几。在临出校门时，哈佛对他们进行了一次关于人生目标的调查。结果是这样的：27%的人，没有目标；60%的人，目标模糊；10%的人，有清晰但比较短期的目标；3%的人，有清晰而长远的目标。

25年后，哈佛再次对这群学生进行了跟踪调查。结果又是这样的：3%的人，25年间他们朝着一个方向不懈努力，几乎都成为社会各界的成功人士，其中不乏行业领袖，社会精英；10%的人，他们的短期目标不断地实现，成为各个领域中的专业人士，大多数生活在社会的中上层；60%的人，他们安稳地生活与工作，但都没有什么特别的成绩，几乎都生活在社会的中下层；剩下的27%的人，他们的生活没有目标，过得很不如意，并且常常在抱怨他人、抱怨社会不肯给他们机会。

为什么他们的起点相同，25年后的结果却迥然相异？原因在于：25年前，他们中的一些人清楚地知道他们的方向是什么，目标在哪里，而另外一些人则不清楚或不很清楚。从故事中可以看出人生职业规划的重要性。

职场上，成功的人往往都是忙碌的，因为他们在有目标、有计划地为他们的目标去行动。失败的人虽然也忙碌，但更多的人是重复性地忙碌，个人能力没有提升，工资没有上涨，属于典型的"穷忙族"。还有一些人竟然在职场上无所事事，不知道要干什么。你愿意做哪一种类型的职场人士呢？

（资料来源：http://wenku.baidu.com/view/63e41d27a5e9856a561260de.html? re = view，有改动。）

第一讲　职业生涯概述

在现代企业中，个人发展是企业发展和社会发展的基础，只有充分发挥人的主观能动性，在企业建立以人为本的职业生涯开发与管理的目标体系，帮助每个员工实现自我价值，通过做好员工的职业生涯开发与管理，把企业的人力资源最大限度地变成人力资本，企业才能最终实现未来的愿景。员工的职业生涯规划与管理正是企业人才战略的核心内容，把制定员工职业生涯规划作为企业的战略管理的重要组成部分，已成为现阶段众多企业的重要工作任务之一。

一、职业生涯含义

职业生涯又称事业生涯，是指个体职业发展的历程，一般是指一个人终生经历的所有职业发展的整个历程。职业生涯是一个人一生中所有与职业相联系的行为与活动，以及相关的态度、价值观、愿望等的连续性经历的过程，也是一个人一生中职业、职位的变迁及工作理想的实现过程。简单来说，职业生涯就是一个人终生的工作经历。

美国职业心理学家施恩教授最早把职业生涯分为外职业生涯和内职业生涯。他指出，外职业生涯是指经历一种职业（由教育开始，经工作期，直到退休）的道路，包括职业的各个阶段：招聘、培训、提拔、奖惩、解雇、退休等。内职业生涯更多地注重所取得的成功或满足的主观感情以及工作事务与家庭义务、个人消闲等其他需要的平衡。

二、职业生涯发展阶段

职业生涯贯穿我们的一生。每个人在实现职业生涯宏伟目标的过程中，都会经历不同的发展阶段，有着不同的职业需求和人生追求，但紧要之处往往只有几步。

人的职业生涯大体可以分为以下 6 个阶段。

（一）职业准备阶段（一般从 14～15 岁开始，延续到 18～22 岁，读研究生则延续到 25～28 岁）

这是一个人就业前学习专业、职业知识和技能的时期，也是素质形成的主要时期。但对于这个职业准备阶段，许多人是盲目的，甚至是由别人（通常是家长或老师）代替决定的。

(二) 职业选择阶段 (一般集中在 17～18 岁到 30 岁以前)

这一阶段的主要特征,是从学校走上工作岗位,是人生事业发展的起点。在这一时期,人们要根据社会需要和自己本身的素质及愿望,做出职业选择,走上工作岗位。

(三) 工作初期——职业适应阶段 (一般在就业后 1～2 年)

这一时期是对走上工作岗位人的素质检验。具备岗位所需的素质的人,能够顺利适应这一职业;素质较差或不能满足岗位要求的人,则需要通过培训教育来达到岗位要求;自身的职业能力、人格特点等素质与工作岗位要求差距较大,难以达到岗位要求者,则需要重新选择职业;而个人素质超过岗位要求、个人兴趣与现职业类别很不相符者,也可能重新对职业进行选择。

(四) 工作中期——职业稳定阶段 (一般从 20～30 岁开始,延续到 45～50 岁)

这一时期是人的职业生涯的主体。一般是在人的成年、壮年时期,且占人的生命过程的绝大部分时间。这一阶段应该致力于某一领域的深入发展,求得升迁和专精。它不仅是劳动效果最好的时期,也是人们担负繁重家庭责任的时期。

(五) 工作后期——职业素质衰退阶段 (一般从 45～50 岁开始,延续到 55～60 岁)

这一时期,人开始步入老年。由于生理条件的变化,能力缓慢减退,心理需求逐步降低而求稳妥和维持现状。一般来说,处在这一阶段时,上升的空间已经很小,应该规划退休前全身而退的策略,以及退休后的目标转移方案。

但也有一些老年人,智力并没有减退,而知识、经验还呈现越来越高的现象 (有学者称之为"晶态智力")。这种晶态智力的发挥,能够使他们的素质进一步提高,出现第二次创造高峰,直至巅峰。这些人往往是所从事职业领域里的专家、权威或专业方面的学术带头人。

(六) 职业结束阶段

这一时期是人们由于年老或其他原因结束职业生活历程的短暂的过渡时期。对于个人而言,职业稳定与适合是非常重要的。

在上述 6 个阶段中,"职业稳定阶段"最长,"职业选择阶段"最为关键,其前的"职业准备阶段"在一定程度上决定着选择方向与稳定性。

三、职业生涯管理的含义

(一) 职业生涯管理的概念与特征

职业生涯管理是指个人和组织对员工职业历程的规划、职业发展的促进等一系列活动的总和。具体总结为以下特征。

1. 职业生涯管理是组织为其员工设计的职业发展、援助计划

职业计划是以个体的价值实现和增值为目的,个人价值的实现和增值并不局限特定组织内部。职业生涯管理则是从组织角度出发,将员工视为可开发增值而非固定不变的资本。通过员工的努力,谋求组织的持续发展。职业生涯管理带有一定的引导性和功利性,它帮助员工完成自我定位,克服在实现工作目标过程中遇到的困难、挫折,

鼓励员工将职业目标同组织发展目标紧密相连，尽可能多地给予他们机会。由于职业生涯管理是由组织发起的，通常由人力资源部门负责，所以具有较强的专业性、系统性。

2. 职业生涯管理必须满足个人和组织的双重需要

一方面，全体员工的职业技能的提高可带动组织整体人力资源水平的提升；另一方面，职业生涯管理中心的有意引导可使同组织目标方向一致的员工脱颖而出，为培养组织高层经营、管理或技术人员提供人才储备。

3. 职业生涯管理形式多样、涉及面广

凡是组织对员工职业活动提供的帮助，均可列入职业生涯管理之中。其中，既包括针对员工个人的，如各类培训、咨询、讲座以及为员工自发的扩充技能、提高学历的学习给予便利等；也包括对组织的诸多人事政策和措施，如规范职业评议制度，建立和执行有效的内部升迁制度等。职业生涯管理自招聘新员工进入组织开始，直至员工流向其他组织或退休而离开组织的全过程中一直存在。职业生涯管理同时涉及职业活动的各个方面。

(二) 职业生涯管理的意义

对组织而言，对员工进行职业生涯管理有以下重要意义。

1. 职业生涯管理是企业资源合理配置的首要问题

人力资源是一种可以不断开发并不断增值的增量资源，因为通过人力资源的开发能不断更新人的知识、技能，提高人的创造力，因此加强职业生涯管理，使人尽其才、才尽其用，这是企业资源合理配置的首要问题。

2. 职业生涯管理能充分调动人的内在的积极性，更好地实现企业目标

职业生涯管理不仅符合人生发展的需要，而且也立足于人的高级需要，即立足于友爱、尊重、自我实现的需要，真正了解员工在个人发展上想要什么，协助其制定规划，帮助其实现职业生涯目标。这样就必然会激起员工强烈的企业服务的精神力量，进而形成企业发展的巨大推动力，更好地实现企业目标。

3. 职业生涯管理是企业长盛不衰的组织保证

任何成功的企业，其成功的根本原因是拥有高质量的企业家和高质量的员工。人的才能和潜力能得到充分发挥，人力资源不会虚耗、浪费，企业的生存成长就有了取之不尽、用之不竭的源泉。通过职业生涯管理努力提供员工施展才能的舞台，充分体现员工的自我价值，是留住人才、凝聚人才的根本保证，也是企业长盛不衰的组织保证。

对员工个人而言，参与职业生涯管理的重要性体现在以下三个方面：

(1) 对于增强对工作环境的把握能力和对工作困难的控制能力十分重要；

(2) 有利于个人的职业生活，处理好职业生活和生活其他部分的关系；

(3) 可以实现自我价值的不断提升和超越。

第二讲　职业生涯发展理论

一、职业选择理论

（一）帕森斯的人职匹配理论

1909年美国波士顿大学教授弗兰克·帕森斯在其著作《选择一个职业》中提出了人与职业相匹配是职业选择的焦点的观点，他认为，个人都有自己独特的人格模式，每种人格模式的个人都有其相适应的职业类型。

择业的原则有以下3种。

（1）清楚了解自己的能力、兴趣、局限等特征。

（2）清楚了解某职业成功的条件、优势、劣势、机会和前途等。

（3）上述两个条件平衡。

人职匹配分为以下2种类型。

（1）因素匹配（职业找人）。例如，需要有专门技术和专业知识的职业与掌握该种技能和专业知识的择业者相匹配；脏、累、苦且劳动条件很差的职业，需要有吃苦耐劳、体格健壮的劳动者与之匹配。

（2）特性匹配（人找职业）。例如，具有敏感、易动感情、不守常规、个性强、理想主义等人格特性的人，宜于从事审美性、自我情感表达的艺术创作类型的职业。

（二）佛隆的择业动机理论

美国心理学家佛隆对个体择业行为进行研究后认为，个体行为动机的强度取决于效价的大小和期望值的高低，动机强度与效价及期望值成正比，即

$$F = V \cdot E$$

式中，F——动机强度，指积极性的激发程度；

V——职业效价，指个体对一定目标重要性的主观评价；

E——职业期望值，指个体估计的目标实现概率。

择业动机的强弱表明了择业者对目标职业的追求程度以及某个职业意向的大小。

职业效价是择业者对某项职业价值的主观评价，取决于：① 择业者的职业价值观；② 择业者对具体职业要素（如劳动条件、报酬、职业声望）的评估。

职业期望值是择业者认为获得某项工作的可能性，通常取决于：① 某项职业的社会需求量，② 择业者的竞争能力，③ 竞争激烈程度，④ 其他随机因素。

（三）霍兰德的职业性向理论

美国心理学教授霍兰德认为，职业性向包括价值观、动机和需要等，是决定一个人职业选择的重要因素。个人职业性向可划分为社会型、企业型、常规型、实际型、研究型和艺术型6种；同时，职业类型也相应有上述6种类型。他用六边形进行演示，其中六边形上连线越短，两种类型的人和职业适应程度越高，如图7-1所示。

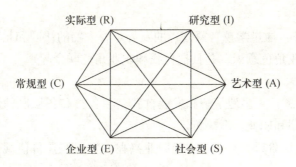

图 7-1 霍兰德六边形模型

1. 社会型（S）

共同特征：喜欢与人交往，不断结交新的朋友，善言谈，愿意教导别人。关心社会问题，渴望发挥自己的社会作用。寻求广泛的人际关系，比较看重社会义务和社会道德。

2. 企业型（E）

共同特征：追求权力、权威和物质财富，具有领导才能。喜欢竞争，敢冒风险，有野心、抱负。为人务实，习惯以利益得失、权利、地位、金钱等来衡量做事的价值，做事有较强的目的性。

3. 常规型（C）

共同特点：尊重权威和规章制度，喜欢按计划办事，细心、有条理，习惯接受他人的指挥和领导，自己不谋求领导职务。喜欢关注实际和细节情况，通常较为谨慎和保守，缺乏创造性，不喜欢冒险和竞争，富有自我牺牲精神。

4. 实际型（R）

共同特点：愿意使用工具从事操作性工作，动手能力强，做事手脚灵活，动作协调。偏好于具体任务，不善言辞，做事保守，较为谦虚。缺乏社交能力，通常喜欢独立做事。

5. 研究型（I）

共同特点：思想家而非实干家，抽象思维能力强，求知欲强，肯动脑，善思考，不愿动手。喜欢独立的和富有创造性的工作。知识渊博，有才能，不善于领导他人。考虑问题理性，做事喜欢精确，喜欢逻辑分析和推理，不断探讨未知的领域。

6. 艺术型（A）

共同特点：有创造力，乐于创造新颖、与众不同的成果，渴望表现自己的个性，实现自身的价值。做事理想化，追求完美，不重实际。具有一定的艺术才能和个性，善于表达，怀旧，心态较为复杂。

二、职业生涯阶段理论

（一）萨柏的职业生涯阶段理论

萨柏把人的职业生涯发展分为：成长—探索—建立—维持—衰退五个阶段，每个阶段又分成若干个次阶段，每个阶段和次阶段的特征和任务各不相同。

1. 成长阶段

0～14 岁，任务：通过学校、家庭、朋友等重要人物的认同和相互作用，逐步建立自我概念和自我职业角色意识，并且把自我和职业角色联合起来。

2. 探索阶段

15～24 岁，任务：更多地了解和发展自我，在各类和各层次的学习活动中进行尝试性的职业生涯规划和职业生涯决策。

15～17 岁（试探阶段）任务：明确职业兴趣，发展职业价值观，对职业发展做出初步的判断和选择。

17～21 岁（过渡阶段）任务：在劳动市场和专业培训学校的学习之后，根据实际调整自己的职业期望。

21～24 岁（尝试阶段）任务：做好自己的职业规划，尽快适应工作环境。

3. 建立阶段

25～44 岁，任务：通过尝试确认前一阶段的探索是否正确，如果正确就应该努力在这一领域发展。

25～30 岁（适应阶段）任务：缩短适应期，尽快进入稳定的职业发展状态，以求职业的发展。

30～44 岁（稳定阶段）任务：克服职业生涯中的中期危机，培养个体职业生涯的成就感和满足感。

4. 维持阶段

45～64 岁，任务：维持职业领域已经取得的成绩和地位，维持家庭和工作的和谐关系，接受继续教育以面对技术和产业调整的挑战，探索适当的发展和晋升途径。

5. 衰退阶段

65 岁至死亡，任务：接受新的角色，变成选择性的参与者，然后再变成完全的观察者，维持自足的能力。

（二）金斯伯格的职业生涯阶段理论

美国著名的职业指导专家、职业生涯发展理论的先驱和典型代表人物——金斯伯格研究的重点是从童年到青少年阶段的职业心理发展过程。他将职业生涯的发展分为幻想期（0～10 岁）、尝试期（11～17 岁）和现实期（17 岁以后）三个阶段。其职业生涯阶段理论，实际上揭示了初次就业前人们职业意识或职业追求的发展变化过程。

（三）格林豪斯的职业生涯阶段理论

萨柏和金斯伯格的研究侧重于不同年龄段对职业的需求与态度，而美国心理学博士格林豪斯的研究则侧重于不同年龄段职业生涯所面临的主要任务，并以此为依据将职业生涯划分为 5 个阶段：职业准备阶段（0～18 岁）、进入组织阶段（18～25 岁）、职业生涯初期（25～40 岁）、职业生涯中期（40～55 岁）和职业生涯后期（55 岁到退休）。

（四）施恩的职业生涯阶段理论

美国著名的心理学家和职业管理学家施恩教授，根据人生命周期的特点及其在不同年龄段面临的问题和职业工作主要任务，将职业生涯划分为 9 个阶段：成长—幻想—探索阶段、进入工作世界、基础培训、早期职业的正式成员资格、职业中期、职业中期危险阶段、职业后期、衰退和离职阶段、退休。

三、"职业锚"与"边界"理论

（一）"职业锚"理论

职业锚的概念是由美国埃德加·施恩教授提出的，他认为职业规划实际上是一个持续不断的探索过程。在这一过程中，每个人都在根据自己的天资、能力、动机、需要、态度和价值观等慢慢地形成较为明晰的与职业有关的自我概念。施恩还说，随着一个人对自己越来越了解，这个人就会越来越明显地形成一个占主要地位的职业锚。

1. 职业锚

所谓职业锚就是指当一个人不得不做出选择的时候，他或她无论如何都不会放弃的职业中的那种至关重要的东西或价值观。

施恩根据自己的研究提出了 5 种职业锚：技术或功能型职业锚、管理型职业锚、自主与独立型职业锚、创造型职业锚和安全型职业锚。

（1）技术或功能型职业锚。技术或功能型职业锚的人大多数对管理工作不感兴趣，喜欢探讨和钻研技术，如果有充分的自我选择条件，他们一般选择技术性工作。

（2）管理型职业锚。管理型职业锚的人大多数对管理工作感兴趣，责任感和自控能力强，情商较高，喜欢与人打交道，有强烈的晋升欲望，一般选择管理性工作。

（3）自主与独立型职业锚。自主与独立型职业锚的人崇尚自由和自我才能的发挥，难以忍受限制和约束，对工作有强烈的感受。

（4）创造型职业锚。创造型职业锚的人有强烈的创造欲，他们一般选择艺术、音乐、文学等创造性较强的职业。

（5）安全型职业锚。具有这种职业锚的人极为重视职业稳定性和工作的保障性，他们喜欢在熟悉的环境中维持一种稳定的、有保障的职业，他们甚至更愿意让雇主决定他们去从事何种职业。

2. 职业锚的应用意义

经过近三十多年的发展，职业锚已成为许多个人职业生涯规划的必选工具和公司人力资源管理的重要工具。

个人在进行职业规划和定位时，可以运用职业锚思考自己具有的能力，确定自己的发展方向，审视自己的价值观是否与当前的工作相匹配。只有个人的定位和要从事的职业相匹配，才能在工作中发挥自己的长处，实现自己的价值。尝试各种具有挑战性的工作，在不同的专业和领域中进行工作轮换，对自己的资质、能力、偏好进行客观的评价，是使个人的职业锚具体化的有效途径。

对于企业而言，通过雇员在不同的工作岗位之间的轮换，了解雇员的职业兴趣爱好、技能和价值观，将他们放到最合适的职业轨道上去，可以实现企业和个人发展的双赢。

(二) 工作-家庭边界理论

2000 年，美国学者克拉克提出工作-家庭边界理论：人们每天在工作和家庭的边界中徘徊，工作和家庭组成各自不同目的和文化的领域，相互影响，虽然工作和家庭中很多方面难以调整，但个体还是能创造出想要的平衡。

第三讲 职业生涯规划

一、职业生涯规划的含义

职业生涯规划（简称生涯规划），又叫职业生涯设计，是指个人与组织相结合，在对一个人职业生涯的主客观条件进行测定、分析、总结的基础上，对自己的兴趣、爱好、能力、特点进行综合分析与权衡，结合时代特点，根据自己的职业倾向，确定最佳的职业奋斗目标，并为实现这一目标做出行之有效的安排。

职业生涯规划依据期限可划分为短期规划、中期规划和长期规划。短期规划，为 3 年以内的规划，主要是确定近期目标，规划近期完成的任务。中期规划，一般为 3～5 年，规划 3～5 年内的目标与任务。长期规划，其规划时间是 5～10 年，主要设定较长远的目标。

二、职业生涯规划与企业发展的关系

对于职业生涯规划与企业发展之间的关系，需要从以下几个方面来看。

（1）员工职业生涯规划，是依据公司的发展战略，充分理解企业的愿景，把个人发展的需求与企业发展的规划相结合，才能确定符合实际的员工职业生涯目标。

（2）在职业生涯规划中，企业目标和个人目标的关系就是：企业目标的实现是所有员工个人目标（与企业目标一致的部分）实现之和。

（3）个人发展是企业发展的基础，只有充分发挥企业内每个人的主观能动性，建立以人为本的职业生涯开发与管理的目标体系，帮助员工实现自我价值，通过做好员工的职业生涯开发与管理，把企业的人力资源最大限度地变成人力资本，企业才能最终实现未来的愿景。

（4）员工的职业生涯规划与管理是公司人才战略的核心内容，要把制定员工职业生涯规划作为公司的战略管理的重要组成部分。

三、职业生涯规划的基本步骤

每个人都渴望成功，但并非都能如愿。了解自己，有坚定的奋斗目标并按照情况的变化及时调整自己的计划，才有可能实现成功的愿望。这就需要进行职业生涯的自我规划。职业生涯规划的步骤如图 7-2 所示。

图 7-2 职业生涯规划的基本步骤

（一）自我评估

自我评估包括对自己的兴趣、特长、性格的了解，也包括对自己的学识、技能、智商、情商的测试，以及对自己思维方式、思维方法、道德水准的评价等。自我评估的目的是认识自己、了解自己，从而对自己所适合的职业和职业生涯目标做出合理的抉择。

（二）职业生涯机会评估

职业生涯机会的评估，主要是评估周边各种环境因素对自己职业生涯发展的影响。在制定个人的职业生涯规划时，要充分了解所处环境的特点、掌握职业环境的发展变化情况、明确自己在这个环境中的地位以及环境对自己提出的要求和创造的条件等。只有对环境因素有充分的了解和把握，才能做到在复杂的环境中避害趋利，使你的职业生涯规划具有实际意义。环境因素评估主要包括：组织环境、政治环境、社会环境、经济环境。

（三）确定职业生涯发展目标

俗话说：志不立，天下无可成之事。立志是人生的起跑点，反映着一个人的理想、胸怀、情趣和价值观。在准确地对自己和环境做出了评估之后，我们可以确定适合自己、有实现可能的职业发展目标。在确定职业发展的目标时要注意自己的性格、兴趣、特长与选定职业的匹配，更重要的是考察自己所处的内外环境与职业目标是否相适应，不能妄自菲薄，也不能好高骛远。合理、可行的职业生涯目标的确立决定了职业发展中的行为和结果，是制定职业生涯规划的关键。

（四）选择职业生涯发展路线

在确定职业目标后，向哪一路线发展，是走技术路线，还是管理路线，是走技术

+管理即技术管理路线，还是先走技术路线、再走管理路线等，此时要做出选择。由于发展路线不同，对职业发展的要求也不同。因此，在职业生涯规划中，必须对发展路线做出抉择，以便及时调整自己的学习、工作以及使各种行动措施沿着预定的方向前进。

如图 7-3 所示，员工在进行个人职业生涯路线确定的过程中，重点分析如下几个方面。

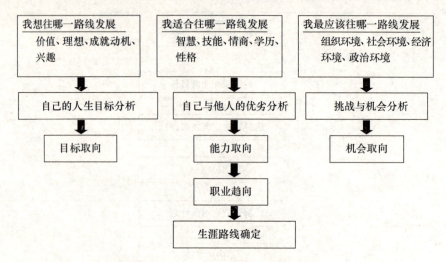

图 7-3 员工个人生涯路线确定步骤

（1）纵向职业途径：部门内直线上升，但空间有限。

（2）横向职业途径：跨部门调配或内部竞聘。

（3）双重职业途径：管理和其他（技术、市场、工程、财务等）。

（4）多重职业途径：管理系列、研究系列、技术支持系列、工艺工程系列等多条途径发展。

（5）网状职业途径：纵向直线晋升和横向调配相结合。

（五）制订职业生涯行动计划与措施

在确定了职业生涯的终极目标并选定职业发展的路线后，行动便成了关键的环节。这里所指的行动，是指落实目标的具体措施，主要包括工作、培训、教育、轮岗等方面的措施。对应自己的行动计划可将职业目标进行分解，即分解为短期目标、中期目标和长期目标。其中，短期目标可分为日目标、周目标、月目标、年目标；中期目标一般为 3~5 年；长期目标为 5~10 年。分解后的目标有利于跟踪检查，同时可以根据环境变化制订和调整短期行动计划，并针对具体计划目标采取有效措施。职业生涯中的措施主要指为达成既定目标，在提高工作效率、学习知识、掌握技能、开发潜能等方面选用的方法。行动计划要对应相应的措施，要层层分解、具体落实，细致的计划与措施便于进行定时检查和及时调整。

（六）评估与反馈

影响职业生涯规划的因素很多，有的变化因素是可以预测的，而有的变化因素难以预测。在此状态下，要使职业生涯规划行之有效，就必须不断地对职业生涯规划执行情况进行评估。首先,要对年度目标的执行情况进行总结,确定哪些目标已按计划完成,哪些目标未完成。其次,对未完成目标进行分析,找出未完成原因及发展障碍,制定相应解决障碍的对策及方法。最后,依据评估结果对下年的计划进行修订与完善。如果有必要,也可考虑对职业目标和路线进行修正,但一定要谨慎考虑。

知识检验

1. 请简述职业生涯的含义。
2. 职业生涯管理的意义是什么?
3. 职业生涯规划的基本步骤是什么?
4. 什么是职业锚?职业锚的类型有哪些?
5. 简要说明佛隆的择业动机理论。

管理技能转化

一、实际应用分析题

1. 刘迪3年前毕业于某著名大学,除计算机专业知识外还写得一手漂亮的文章,他认为自己很清楚人生应该做的事,对自己的生活方式也订了具体的目标。但刘迪毕业3年后换了三四家公司,做过秘书、证券、编辑,却都不能实现自己的生活目标,因此感觉气馁。

请问:刘迪对自己的职业生涯规划属于哪类模式?应如何修正?

2. 有人认为:职业生涯规划是未来的事情,只要做好眼前的事就可以,俗话说"计划没有变化快",何必为将来的事情发愁呢?

请问:你同意这种观点吗?为什么?

3. 有人认为:年龄近35岁了,工作、家庭都稳定了,也就不需要做职业生涯规划了。你认为这种说法正确吗?为什么?

二、管理问题诊断与分析

案例7-1 施瓦辛格的职业生涯规划

施瓦辛格终于如愿以偿当上美国加州州长,从一个瘦弱的奥地利小男孩成长为健美冠军、电影明星、亿万富翁,直至一个政治家,施瓦辛格一步一步实现着自己的梦想,一步一步把自己的职业生涯规划变为现实。

出生于1947年的施瓦辛格早在他10岁时,就有3个梦想:世界上最强壮的人、电影明星、成功的商人。通过自己的艰苦努力和奋斗,他把自己的3个梦想变为活生生的现实了。

施瓦辛格的成功,让我们再一次看到了一个普通人是如何通过自己的努力,一步一步将自己的梦想变为现实的；让我们再一次看到，一个普通人的美国梦是如何实现的。

成功不易，但也并非想象中的那么难。施瓦辛格正是用自己的成功史向我们阐释了职业生涯规划的真谛所在。

其实，职业生涯规划就像爬山，也像开汽车，需要不断调整方向，也需要有阶段性，当然还需要一定的外在因素。假如施瓦辛格第一步就将自己的职业生涯规划定位于政治家，那么，他可能不会这么顺利成功。

第一步是第二步的基础，第二步是第一步的延续。我们现在一些年轻人看到别人的成功后，心里就有点不安分，眼里就有点泛红光，就迫不及待急于求成，妄想一步登天。世界上的事情，肯定是有因有果的，绝对没有空中楼阁。记得我在高三的时候，幻想写一部长篇小说，当时老师跟我讲，理想好，但理想是有阶段性的，你现在的理想就应该是考上大学，除此之外一切都是空的。我永远记住了这位老师的话。

不断调整个人的发展方向。我惯常喜欢拿来作比喻的是煤油灯现象。如果一个人小时候就立志做一个制造煤油灯的能工巧匠，那么现在他绝对失业了。理想需要随时势的变化而变化，随自己的喜好和专长而变化。施瓦辛格当过兵，开过小差，但他能在复杂的环境中随时势的变化而不断变化。应该说，政治家并非他的一贯理想，但时机成熟了，条件水到渠成，他也就理所当然可以把政治家作为自己奋斗的目标了。

施瓦辛格善于创造条件来完成自己的职业生涯规划。自18岁获得欧洲健美冠军以后，施瓦辛格怀揣20美元到好莱坞闯荡天下，意图做个电影明星。演员生涯的成功，为他成功进军商业打下了坚实的基础。通过在威斯康星大学攻读商业和经济学，更是让他快速成为拥有20亿美元身价的亿万富翁。

不畏艰辛、坚定意志、不断调整，阶段性地实现自己的近期目标，把近期目标与远期理想联系起来，这才是实际可行的职业生涯规划。

（资料来源：http://www.yuloo.com/qiuzhijiuye/news/1207/964553.shtml）

分组讨论

1. 施瓦辛格是如何做自己的职业生涯规划的？
2. 从案例中你得到了哪些启示？

案例7-2　一位交大博士的苦恼

小A是个来自农村的孩子。当时家乡种地需要的暖棚材料价格昂贵，父母觉得会制造暖棚定能赚大钱，于是便萌生了让小A报考材料学的想法。一向缺乏主见的小A遵从了父母的意愿，考入了交大高分子材料系。

其实，小时候在少科站接触了计算机，电脑一直是他最大的兴趣。于是他在本科期间双管齐下，获得了材料和计算机双学士文凭。到了大四，由于成绩突出，校方给了他材料系硕博连读的机会，看着别人羡慕的眼光，他把兴趣甩在一边，顺理成章地踏上了学校为其铺就的光明大道，后来由于导师推荐改换专业方向，辗转6年才完成了博士学位。期间,兴趣的驱动让他考出了微软的计算机认证,有过网站维护的兼职经历,但后来随着本专业课程的加重,便再也无暇顾及计算机的学习。

毕业后,注重研究型的科研机构他不愿去,而想去的企业却需要应用型人才,他也想过靠计算机本科文凭求职,在喜欢的领域做,但他读博期间就再也没有学习过相关内容,早已生疏,相比计算机专业人才,完全没有竞争优势,况且多年学成的博士专业完全放弃,也未免可惜。他空有名校博士的荣誉,却无路可走,百般后悔。

(资料来源:http://www.cjol.com/article/workplace/76012.htm)

分组讨论

1. 请评价小A的职业发展,你能给他一些什么建议?
2. 请就"兴趣是最好的职业"阐述你自己的观点。

三、管理实战演练

每人根据自身情况设计一份职业生涯规划书,以小组为单位进行讨论并查漏补缺,最后进行抽查汇报。

人力资源管理表格

职业生涯设计参考大纲

职业生涯规划设计书基本内容

(可加插图片)

姓名:　　　　性别:　　　　出生:

学校:

院系:

电话:　　　　　　　　　　　手机:

电子邮件:

撰写时间:　　年　　月　　日

《职业生涯规划书》基本内容提纲

一、自我探索

1. 职业兴趣
（1）自我评估的结果：

（2）职业测评的结果：

（3）职业兴趣探索小结：

---

2. 职业能力
（1）自我评估的结果：

（2）职业测评的结果：

（3）通用技能测评结果：

（4）360度评估结果：

    自我评价
      优点：   缺点：
    家人评价
      优点：   缺点：
    老师评价
      优点：   缺点：
    亲密朋友评价
      优点：   缺点：
    同学评价
      优点：   缺点：
    其他社会关系评价
      优点：   缺点：

（5）职业能力探索小结：

---

3. 职业价值观
（1）职业价值观测评结果：

（2）职业价值观小结：

4．个性特征

个性特征小结：

二、职业探索

1．目标职业一
（1）工作本身。
　　　工作内容：
　　　工作环境：
　　　职业的典型生活：
（2）怎样得到工作。
　　　进入职业的途径：
　　　胜任标准：
（3）工作待遇。
　　　薪酬：
　　　福利待遇：
（4）未来发展。
　　　职业本身的前景：
　　　职业的晋升和发展路径：
　　　培训和继续教育的机会：
（5）工作带来的影响。
　　　从事该职业人员的生活方式：
　　　对休闲、婚姻、家庭的影响：

2．目标职业二
（1）工作本身。
　　　工作内容：
　　　工作环境：
　　　职业的典型生活：
（2）怎样得到工作。
　　　进入职业的途径：
　　　胜任标准：

（3）工作待遇。
　　薪酬：
　　福利待遇：
（4）未来发展。
　　职业本身的前景：
　　职业的晋升和发展路径：
　　培训和继续教育的机会：
（5）工作带来的影响。
　　从事该职业人员的生活方式：
　　对休闲、婚姻、家庭的影响：

三、决策与应对

1. 首选职业目标
（1）SWOT 分析。
　　我的优势（Strength）：
　　我的弱势（Weakness）：
　　我的机会（Opportunity）：
　　我面临的挑战（Threat）：
（2）决策分析。

2. 备选职业目标一
（1）SWOT 分析。
　　我的优势（Strength）：
　　我的弱势（Weakness）：
　　我的机会（Opportunity）：
　　我面临的挑战（Threat）：
（2）决策分析。

3. 备选职业目标二
（1）SWOT 分析。
　　我的优势（Strength）：

我的弱势（Weakness）：

我的机会（Opportunity）：

我面临的挑战（Threat）：

（2）决策分析。

4. 行动计划

（1）大学期间的行动计划：

（2）职场适应计划：

（3）长期发展计划：

四、自我监控

1. 评估的时间

2. 评估的内容

（1）实施策略评估：

（2）职业路径评估：

（3）职业目标评估：

（资料来源：http：//www.ejobmart.cn/images/2009071507.doc）

项目八 ■ 开发绩效管理系统

> **知识目标**

1. 了解绩效、绩效管理的含义;
2. 了解绩效考评与绩效管理的关系;
3. 掌握主要绩效方法的运用。

> **技能目标**

1. 能够运用考绩方法、考绩面谈技巧、绩效改善等方法系统地分析解决实际绩效考评问题;
2. 能够为各岗位设计关键绩效考核标准。

> **引导案例**

Y 公司的绩效考核

Y 公司是一家国内知名的黄金生产企业,成立于 1974 年,注册资本 1 亿元人民币,现有职工 1.3 万人,公司 2001 年转制成为股份制企业。

由于历史的原因,公司在经营管理上存在着计划经济体制的痕迹,公司自身的管理理念滞后,管理体制不正规,现代企业制度也没有真正建立起来。特别是体现在人力资源管理问题上,公司并没有一套行之有效的人力资源管理体系,缺少现代的激励、考核措施。

公司的高层领导也意识到这些问题,陆续邀请了几家咨询服务机构来为企业"把脉",制定公司的中长期发展战略,用现代企业制度对公司进行组织机构重塑。在人力资源管理方面,下大力气转变以往的"人才上不去,庸才下不来"的状况,在公司内部以岗位责任制为基础,采取记分制绩效考核手段,基于以绩效考核为核心的集团内部人员流动机制,建立了一套人力资源考核与管理体系。然而在具体实践过程中,公司负责人力资源的老总却遇到许多困扰,大致可以归纳为以下几个方面：

1. 年初的绩效考核工作计划做得很好，可是在实施过程中却"雷声大，雨点小"，各部门的考核者乐于充当好好先生，应付了事，大大有悖于绩效考核的初衷；

2. 在考核过程中，公司员工缺少参与的积极性，抵触情绪很强，不少员工甚至质疑：是否绩效考核就是通过反复地填表、交表来挑员工的毛病；

3. 人力资源部门的负责人反映，考核的过程烦琐，耽误正常的工作时间，推行过程中往往又因为得不到高层的足够支持而阻力重重；

4. 另外，考核过程和结果的公正性难以保证，大多数员工对于考核的结果都心怀不满，怨声四起，同事的关系也往往因考核而变得紧张，不利于公司的日常工作开展。

Y公司的绩效考核该如何有效地实施下去呢？

（资料来源：http://www.docin.com/p-702789787.html，有改动。）

第一讲 绩效管理概述

绩效管理是企业人力资源管理的首要目标，一切人力资源管理工作都是围绕提升员工的工作绩效而开展的，绩效管理的效果直接关系到企业的经营效益和企业的发展。

一、绩效的含义与特点

（一）绩效的含义

绩效是指员工或组织的工作成果，也可以称为业绩、成绩。人们在一定的环境下从事任何有目的的活动都会有结果，这种结果就是绩效。

从企业经营管理的层面来看，可以将绩效分为组织绩效和个人绩效。组织绩效是企业运营的最终价值；个人绩效是员工对组织的贡献。个人绩效构成组织绩效，组织绩效对员工又有激励作用，两者相辅相成，密不可分。

绩效是个人的知识、技能、能力等一切综合因素在一定的环境下通过工作而形成的成果，如图8-1所示。

员工的知识和技能等综合素质是实现绩效的前提，在一定的外因作用下，内因才能发挥作用。绩效管理的任务就是为员工创造一个良好的环境，使其潜能能够充分发挥出来，为企业做出更大贡献。

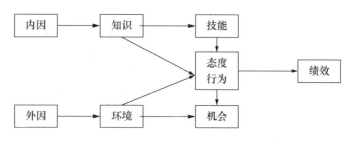

图 8-1 绩效的形成过程

(二) 绩效的特点

(1) 多因性。多因性就是指员工的绩效是受多种因素共同影响的，绩效和影响绩效的因素之间的关系可以用一个公式加以表示：

$$P = f(K, A, M, E)$$

在这个关系式中，f 表示一种函数关系；P（performance）就是绩效；K（knowledge）就是知识，指与工作相关的知识；A（ability）就是能力，指员工自身所具备的能力；M（motivation）就是激励，指员工在工作过程中所受的激励；E（environment）就是环境，指工作的设备、场所等。

(2) 多维性。多维性就是指员工的绩效往往是体现在多个方面的，工作结果和工作行为都属于绩效的范围。例如，一名操作工人的绩效除了生产产品的数量、质量外，原材料的消耗、出勤情况、与同事的合作以及纪律的遵守等都是绩效的表现。因此，对员工的绩效必须从多方面进行考察。当然，不同的维度在整体绩效中的重要性是不同的。

(3) 变动性。变动性就是指员工的绩效并不是固定不变的，在主客观条件发生变化的情况下，绩效是会发生变动。这种变动性就决定了绩效的时限性，绩效往往是针对某一特定的时期而言的。

二、绩效管理的含义与作用

(一) 绩效管理的含义

绩效管理是指为了实现组织的发展目标，采用科学的方法对员工个人或团队的综合素质和工作业绩进行全面的衡量，分析存在的问题，提出解决方案，调动员工或团队的工作积极性，不断提升工作绩效的一系列管理活动。

对于绩效管理，人们往往把它视同为绩效考核，认为绩效管理就是绩效考核，两者并没有什么区别。其实，绩效考核只是绩效管理的一个组成部分，最多只是一个核心的组成部分而已，代表不了绩效管理的全部内容。完整意义上的绩效管理是由绩效计划、绩效沟通、绩效考核和绩效反馈这四个部分组成的一个系统，如图 8-2 所示。

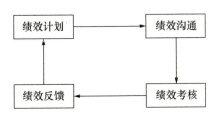

图 8-2 绩效管理系统示意图

(二)绩效管理的作用

绩效管理体系作为人力资源管理的一个重要的子系统,其作用有如下四方面。

(1)绩效管理有利于实现企业经营目标。绩效管理的目标是根据企业的发展战略来制定的,通过将企业的战略目标层层分解变为部门和员工的目标,在此基础上确定部门和个人的绩效目标,通过绩效评价,对员工的工作结果进行反馈,及时发现工作中存在的问题并进行修正,通过提升员工的业绩从而达成企业的业绩,实现企业的战略目标,使企业进入良性循环。

(2)满足员工的需求。员工的需求有不同的层次,当员工基本的需求满足后,尊重和自我实现的需求所表现出来的就是员工希望知道自己的绩效水平到底如何,以便为了今后的发展而明确努力的方向。

(3)解决管理中存在的问题。员工绩效水平的高低与其自身的素质和努力程度有关,更与企业管理制度、管理理念和企业文化、管理风格有关。通过绩效评价和反馈,可以看到企业管理中存在的问题并能及时解决,使企业顺利地向前发展。

(4)配合人力资源管理体系的运行。绩效管理与其他人力资源管理流程的关系,如图 8-3 所示。

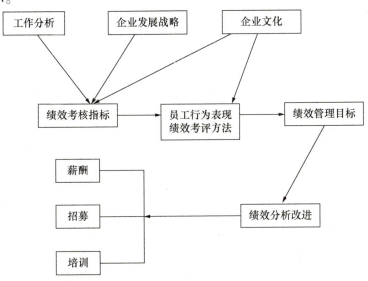

图 8-3 绩效管理与其他人力资源管理流程的关系

第二讲　绩效考核的含义与方法

一、绩效考核的含义

绩效考核是通过对员工的工作成果进行定性和定量的评价，对绩效进行区分性鉴别的过程。进行考核是进行管理的一个中心环节，员工绩效的评定结果是提升员工的绩效的主要依据，同时也是对员工的反馈和激励。

绩效考核与绩效管理究竟存在什么关系呢？还要从以下几个方面进行比较。

（1）绩效管理是一个完整的系统，而绩效考核只是这个系统的一部分。

（2）绩效考核是指通过对员工绩效的界定和识别，注重结果。

（3）绩效管理是面向组织绩效的全面管理方法。重点强调对绩效的界定、测量、反馈和改进，强调通过提高组织中员工的绩效和开发团队、个体的潜能，使组织不断获得成功的具有战略意义的、整合的方案，是过程的管理。

（4）绩效管理注重能力的培养，而绩效考核只注重成绩的大小。

（5）绩效管理的目的是不断改进员工和组织的绩效；绩效考核的目的是判断员工的绩效。

二、绩效考核的分类与方法

（一）绩效考核的分类

1. 按时间划分

（1）定期考核。企业考核的时间可以是一个月、一个季度、半年、一年。考核时间的选择要根据企业文化和岗位特点进行选择。

（2）不定期考核。不定期考核有两方面的含义，一方面是指组织中对人员的提升所进行的考评；另一方面是指主管对下属的日常行为表现进行记录，发现问题及时解决，同时也为定期考核提供依据。

2. 按考核的内容划分

（1）特征导向型。考核的重点是员工的个人特质，如诚实度、合作性、沟通能力等，即考量员工是一个怎样的人。

（2）行为导向型。考核的重点是员工的工作方式和工作行为，如服务员的微笑和态度，待人接物的方法等，即对工作过程的考量。

（3）效果导向型。考核的重点是工作内容和工作质量，如产品的产量和质量、劳动效率等，侧重点是员工完成的工作任务和生产的产品。评价体系实例，如表8-1所示。

表 8-1　评价体系实例表

```
1. 品质导向考评方法
根据下述特征对员工进行评级：
(1) 对公司的忠诚      很低  低  平均  高  很高
(2) 沟通能力          很低  低  平均  高  很高
(3) 合作精神          很低  低  平均  高  很高
2. 行为导向考评方法
根据下述量级，评定员工表现各种行为的频率：
1 = 从来没有　2 = 极少　3 = 有时　4 = 经常　5 = 几乎总是
(1) 以愉悦和友好的方式欢迎（　　）
(2) 正确填写价格牌（　　）
3. 效果导向评价方法
根据销售记录和员工档案，提供员工的下述信息：
(1) 本月销售额
(2) 收银出错次数
```

3．按主观和客观划分

（1）客观考核方法。客观考核方法是对可以直接量化的指标体系所进行的考核，如生产指标和个人工作指标。

（2）主观考核方法。主观考核方法是由考核者根据一定的标准设计的考核指标体系对被考核者进行主观评价，如工作行为和工作结果。

（二）绩效考核的方法

1．排序法

对员工绩效的好坏程度直接进行比较，确定员工绩效的相对等级和次序。排序有两种方法。

（1）正向排序：按照员工绩效由优到劣从第一名排到最后一名。

（2）两两排序：按照员工绩效先排最好，再排最差；接着排次好，再排次差，依次类推进行排序。

2．配对比较法

配对比较法是评价者根据某一标准，将每一位员工与其他员工进行逐一比较，并将每一次比较中的优胜者选出。最后，根据每一位员工净胜次数的多少进行排序。配对比较次数的一般表达式为：

$$\frac{[n(n-1)]}{2}$$

例如，某一车间被考评者有 10 人，每一位被考评者都必须经过 9 次配对，即与其他 9 人进行配对比较，比出优劣。比较次数为 $\frac{10 \times (10-1)}{2} = 45$（次）。

3．强制正态分布法

强制正态分布法是提前确定准备按照一种什么样的比例将评价者分别分布到每一

个工作绩效等级上。比如，按照下述比例原则来确定雇员的工作绩效分布的情况：

    绩效最好的   15%
    绩效较好的   20%
    绩效一般的   30%
    绩效低于要求水平的 20%
    绩效很低的   15%

  在实际操作的过程中，这种评价工具的使用方法通常是首先将准备评价的每一位雇员的姓名分别定在一张小卡片上；然后根据每一种评价要素来对雇员进行评价，最后根据评价结果将这些代表雇员的卡片放到相应的工作绩效等级上去。

  4．人物比较法（范例对比法）

  人物比较法就是在考核之前，先选出一位员工，以他的各方面表现为标准，对其他员工进行考核，如表8-2所示。

表8-2　人物比较表

被考核者 档次 姓名	考核项目：工作积极性		基准人物姓名：		
	A	B	C	D	E
甲					
乙					
丙					
丁					
戊					

  注：① 与基准人员相比，在相应的栏目打"√"。
    ② A——更为优秀，B——比较优秀，C——相似，D——比较差，E——更差。

  5．关键事件法

  这是以记录直接影响工作绩效优劣的关键行为为基础的考评方法。"绩效记录"一般由进行考评并知情的人（通常为被考评者的直属上级）随时记载。在应用这种方法时，考核者以书面的形式将每一位被考核者在工作活动中所表现出来的非同寻常的出色表现或者非同寻常的不良行为（或事故）记录下来。然后在每隔一段时间，比如一个季度或者半年，考核者和被考核者根据记录的特殊事件来讨论后者的工作绩效。说明如下。

  （1）所记载的事件既有好事，也有不好的事。
  （2）必须是较突出的、与工作绩效直接相关的事。
  （3）是具体的事件与行为，不是对某种品质的评判。
  （4）关键事件的记录本身不是评语，只是素材的积累。

举例如表 8-3 所示。

表 8-3 关键事件记录表

关键事件记录表

行为者：分管生产的副总张某　　行为者发生时间：2015 年 9 月 17 日
地点：公司第一车间　　　　　　　观察者：总经理赵某

事件发生过程及现象：17 日下午 5 时，员工下班的时间。13 日发给 A 公司的胶带被退回。A 公司称胶带不合格，张某未对该事件作任何表示和处理，开车离开了公司。
行为者的行为结果：未能及时、正确处理事件。
分析与解释：张某可能想在第二天上班再来解决退货事件，但这可能给公司带来经济和信用的损失。张某的责任心不够强。
记录者：赵某　　　　　　　　　　记录时间：2015 年 9 月 17 日

6. 行为锚定评价法

这是一种将同一职务工作可能发生的各种典型行为进行评分度量，建立一个锚定评分表，以此为依据，对员工工作中的实际行为进行测评打分的考评办法。

这种方法的实质是把评价量表法与关键事件法结合起来，使之兼具两者之长。它为每一职务的各考评维度都设计出一个评分量表，并有一系列典型的行为描述句与量表上的一定刻度（评分标准）相对应和联系（即所谓"锚定"），供考评者在给被考评者实际表现评分时作为参考依据。建立行为锚定评价法通常要经过下列几个步骤。

（1）确定被考评职务工作所包含的活动类别或者绩效指标。

（2）为各种绩效指标设计出一系列实例性的关键事件。

（3）由一组处于中间立场的管理人员为每一个评价指标选择关键事件，并确定每一个绩效等级与关键事件的对应关系。

（4）将每一个考评维度中包含的关键事件从好到坏进行排列，建立行为锚定法考核体系。

工作维度是指构成工作任务的范畴。每种工作可能有几个工作维度，每个维度应制定独立的评分量表，如表 8-4、表 8-5 所示。

表 8-4 行为锚定评价法量表样本

纬度（考核的绩效指标）	锚（关键事件）	分值
工作量——员工每个工作日的工作量	有非常优异的生产记录 很勤奋超额完成 工作量令人满意 刚好达到要求 没有达到最低要求	5 优秀（　） 4 良好（　） 3 一般（　） 2 较差（　） 1 极差（　）

续　表

纬度（考核的绩效指标）	锚（关键事件）	分值
出勤率——每天上班且遵守工作时间的守信性	总是正常及时地出勤，在需要时自愿加班 正常及时出勤 基本正常出勤且准时 出勤散漫，有时工作准时 经常缺勤且没有充分理由	5 优秀（　） 4 良好（　） 3 一般（　） 2 较差（　） 1 极差（　）
准确性——履行工作的正确性	所需监督是最低限度的，几乎总是准确地 很少需要监督，多数时是正确的 通常准确，只犯平均数量的错误 粗心，经常犯错误 屡屡犯错误	5 优秀（　） 4 良好（　） 3 一般（　） 2 较差（　） 1 极差（　）

从表 8-5 可以看出，某员工在准确性的"锚"上得分 4 分（即良好），在可信赖程度的"锚"上得分 4 分（良好），在工作知识上的"锚"上得分 3 分（即一般），那么该员工基本胜任本职工作，且工作态度较好。

表 8-5　某员工行为绩效评估结果

纬度	分值	等级
工作量	4	良好
可依赖程度	4	良好
工作知识	3	一般
出勤率	5	优秀
准确性	4	良好

7. 目标管理法

目标管理法是当前比较流行的一种绩效评价方法。它根据企业发展战略目标确定相应的部门工作目标，将部门工作目标分解为员工的工作目标，再将员工的工作目标转化为绩效考核指标体系，即对员工和部门的业绩绩效考核的方法。目标管理的四个步骤分别是计划、实施、检查、再制定新的目标，简称 P（Plan）D（Do）C（Check）A（Action）循环。其基本程序如下。

（1）管理者和员工联合制定评价期内要实现的工作目标，并为实现特定的目标制定员工所需达到的绩效水平。

（2）在评价期间，管理者和员工根据业务或环境变化修改或调整目标。

（3）管理者和员工共同决定目标是否实现，并讨论失败的原因。

（4）管理者和员工共同制定下一评价期的工作目标和绩效目标。

8. 360 度考评方法

这种考评方法是从多维度对员工的绩效进行界定，综合反映企业部门或员工的业绩。常用的考评维度有如下五类。

（1）上级考评。被考核者的上级对考核者的工作态度和技能水平最为了解，对被考核者的日常工作表现也有记录，所以上级考核是主要的考核形式，其权重占70%左右。

（2）同级考评。同级之间的考核是同事之间的相互考核，通过相互考核认定，便于同事之间进一步了解，明确自己与别人的差距，有利于引导员工向绩效优秀的同事学习，提升团队的整体业绩。同级之间的考评权重不易过大，一般占10%左右。

（3）下级考评。下级对上级的考评主要是对上级的管理风格和管理方法及个人魅力的一种认定方法，通过对上级的考评，便于使被考核者明确自己工作中的不足，改进今后的管理工作。由于下级对上级工作的整体性并不能全面把握，所以这种考评所占权重为10%左右。

（4）自我考评。自我考评的目的在于使员工进行自我总结，分析自己的不足，正确看待自己的工作绩效，进行自我管理和提升。所以在设计自我考评表时各指标的等级应明确。自我考评主观性较强，权重为10%左右。

（5）客户考评。客户对经营管理的信息反馈十分重要，但完全以此为根据，绩效考核又会带来一定程度的不准确性，对客户考评必须进行很好的设计，才能对信息的有效性进行监控。所以这种考评应根据企业的行业特点来确定其所占权重。

对上述几个维度的考评，应根据企业的具体情况进行设计并实施。

第三讲 绩效管理的实施过程

在实践中，绩效管理是按照一定的步骤来实施的，这些步骤可以归纳为四个阶段：准备阶段、实施阶段、反馈阶段和运用阶段，如图8-4所示。

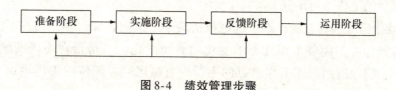

图8-4 绩效管理步骤

一、准备阶段

准备阶段是整个绩效管理过程的开始，这一阶段主要是完成绩效计划的任务，也就是说通过上级和员工的共同讨论，确定出员工的绩效考核目标和绩效考核周期。

（一）绩效考核目标

绩效考核目标，或者叫作绩效目标，是对员工在绩效考核期间的工作任务和工作要求所做的界定，这是对员工进行绩效考核进的参照系，绩效目标由绩效内容和绩效标准组成。

1. 绩效内容

绩效内容界定了员工的工作任务，也就是说员工在绩效考核期间应当做什么样的事情，它包括绩效项目和绩效指标两个部分。

（1）绩效项目是指绩效的维度，也就是要从哪些方面来对员工的绩效进行考核，按照前面所讲的绩效的含义，绩效考核项目有三个方面：工作业绩、工作能力和工作态度。

对于工作业绩，设定指标时一般要从数量、质量、成本和时间四个方面进行考虑；对于工作能力和工作态度，则要具体情况具体对待，根据各个职位不同的工作内容来设定不同的指标。

（2）绩效指标是按照一定的标准，采用科学的方法，对员工的品德、能力、态度等方面设计的量化管理目标。绩效指标的确定，有助于保证绩效考核的客观性。确定绩效指标时，应当注意以下几个问题。

① 绩效指标应当有效。这包括两个方面的含义：一是指绩效指标不能有缺失，员工的全部工作内容都应当包括在绩效指标中；二是指绩效指标不能有溢出，职责范围以外工作内容不应当包括在绩效指标中，为了提高绩效指标的有效性，应当依据工作说明书的内容来确定绩效指标。

② 绩效指标应当具体。就是说指标要明确地指出到底是要考核什么内容，不能过于笼统，否则考核主体就无法进行考核。

③ 绩效指标应当明确，就是说当指标有多种不同的理解时，应当清晰地界定其含义，不能让考核主体产生误解。

④ 绩效指标应当具有差异性。这包括两个层次的含义：一是指对于同一个员工来说，各个指标在总体绩效中所占的比重应当有差异；二是指对于不同的员工来说，绩效指标应当有差异，因为每个员工从事的工作内容是不同的，例如销售经理的绩效指标就应当和生产经理的不完全一样。此外，即便有些指标是一样的，权重也不一样，因为每个职位的工作重点不同。

⑤ 绩效指标应当具有变动性。这也包括两个层次的含义：一是指在不同的绩效周期内，绩效指标应当随着工作任务的变化而有所变化；二是指在不同的绩效周期内，各个指标的权重也应当根据工作重点的不同而有所区别，职位的工作重点一般是由企业的工作重点决定的。

2. 绩效标准

绩效标准明确了员工的工作要求，也就是说对于绩效内容界定的事情，员工应当怎样做或者做到什么样的程度。

（1）绩效标准应当明确。按照目标激励理论的解释，目标越明确，对员工的激励效果就越好，因此在确定绩效标准时应当具体清楚，不能含糊不清，这就要求尽可能地使用量化的标准。

量化的绩效标准，主要有以下3种类型：一是数值型的标准，二是百分比型的标准，三是时间型的标准。

绩效标准量化的方式则分为两种：一种是以绝对值的方式进行量化；另一种是以相对值的方式进行量化。

此外，有些绩效指标不可能量化或者量化的成本比较高，主要是能力和态度的工作行为指标。对于这些指标，明确绩效标准的方式就是给出行为的具体描述，例如对于谈判能力，就可以给出五个等级的行为描述，从而使这一指标的绩效标准相对比较明确，见表8-6。

表8-6 谈判能力的绩效标准

等级	定义
S	谈判能力极强，在与外部组织或个人谈判时，能够非常准确地引用有关的法规规定，熟练地运用各种谈判的技巧和方法，说服对方完全接受我方的合理条件，为公司争取到最大的利益
A	谈判能力较强，在与外部组织或个人谈判时，能够比较准确地引用有关的法规规定，比较熟练地运用各种谈判技巧和方法，能够说服对方基本接受我方的合理条件，为公司争取到了一些利益
B	谈判能力一般，在与外部组织或个人谈判时，基本上能够准确地引用有关的法规规定，运用了一些谈判的技巧和方法，在做出一些让步后能够与对方达成一致意见，没有使公司的利益受到损失
C	谈判能力较差，在与外部组织或个人谈判时，引用有关的法规规定时会出现一些失误，运用的谈判技巧和方法比较少，在做出大的让步后才能够与对方达成一致意见，使公司的利益受到一定的损失；有时会出现无法与对方达成一致意见的情况
D	谈判能力很差，在与外部组织或个人谈判时，引用有关的法规规定时出现相当多的失误，基本上不会运用谈判的技巧和方法，经常无法与对方达成一致意见，造成公司的利益受到大的损失

（2）绩效标准应当适度。就是说制定的标准要具有一定的难度，但是员工经过努力又是可以实现的。

（3）绩效标准应当可变。这包括两个层次的含义：一是指对于同一个员工来说，在不同的绩效周期，随着外部环境的变化，绩效标准有可能也要变化。二是指对于不同的员工来说，即使在同样的绩效周期，由于工作环境的不同，绩效标准也可能不同。

对于绩效目标的设计要求，我们将其概括为"明智"（SMART）原则：

第一，绩效目标必须是具体的（Specific），以保证其明确的牵引性；

第二，绩效目标必须是可衡量的（Measurable），必须有明确的衡量指标；

第三，绩效目标必须是可以达到的（Attainable），不能因指标的无法达成而使员工产生挫折感，但这并不否定其应具有挑战性；

第四，绩效目标必须是相关的（Relevant），它必须与公司的战略目标、部门的任务及职位职责相联系；

第五，绩效目标必须是以时间为基础的（Time-based），即必须有明确的时间要求。

(二) 绩效考核周期

绩效考核周期,也可以叫作绩效考核期限,是指多长时间对员工进行一次绩效考核。由于绩效考核需要耗费一定的人力、物力,因此考核周期过短,会增加企业管理成本的开支;但是,绩效考核周期过长,又会降低绩效考核的准确性,不利于员工工作绩效的改进,从而影响绩效管理的效果。因此,在准备阶段,还应当确定出恰当的绩效考核周期。绩效考核周期的确定,要考虑到以下几个因素。

1. 职位的性质

不同的职位,工作的内容是不同的,因此绩效考核的周期也应当不同。一般来说,职位的工作绩效比较容易考核的,考核周期相对要短一些。

2. 指标的性质

不同的绩效指标,其性质是不同的,考核的周期也应不同。一般来说,性质稳定的指标,考核周期相对要长一些;相反,考核周期相对就要短一些。

3. 标准的性质

在确定考核周期时,还应当考核到绩效标准的性质,就是说考核周期的时间应当保证员工经过努力能够实现这些标准,这一点其实是和绩效标准的适度性联系在一起的。

二、实施阶段

(一) 绩效沟通

绩效沟通是指在整个绩效考核周期内,上级就绩效问题持续不断地与员工进行交流和沟通,给予员工必要的指导和建议,帮助员工实现确定的绩效目标。

前面已经指出,绩效管理的根本目的是通过改善员工的绩效来提高企业的整体绩效,只有每个员工都实现了各自的绩效目标,企业的整体目标才能实现,因此在确定绩效目标后,管理者还应当帮助员工实现这一目标。

(二) 绩效考核

1. 考核主体

考核主体是指对员工的绩效进行考核的人员,考核主体一般包括五类:上级、同事、下级、员工本人和客户。

(1) 上级。这是最为主要的考核主体。上级考核的优点是:由于上级对员工承担直接的管理责任,因此他们通常最了解员工的工作情况;此外,用上级作为考核主体还有助于实现管理的目的,保证管理的权威。上级考核的缺点在于考核信息来源单一,容易产生个人偏见。

(2) 同事。由于同事和被考核者在一起工作,因此他们对员工的工作情况也比较了解;同事一般不止一人,可以对员工进行全方位的考核,避免个人的偏见;此外,还有助于促使员工在工作中与同事配合。同事考核的缺点是:人际关系的因素会影响考核的公正性，和自己关系好的就给高分，不好的就给低分；大家有可能协商一致，相互给高分；还有可能造成相互的猜疑，影响同事关系。

(3) 下级。由下级作为考核主体，优点是：可以促使上级关心下级的工作，建立融洽的员工关系；由于下级是被管理的对象，由下级对管理者进行评价，可以考察管理者的管理能力和管理工作中存在的问题。下级考核的缺点是：由于顾及上级的反应，往往不敢真实地反映情况；有可能削弱上级的管理权威，造成上级对下级的迁就。

(4) 员工本人。让员工本人作为考核主体进行自我考核，优点是：能够增加员工的参与感，加强他们的自我开发意识和自我约束意识；有助于员工对考核结果的接受。缺点是：员工对自己的评价往往容易偏高；当自我考核和其他主体考核的结果差异较大时，容易引起矛盾。

(5) 客户。客户作为考核主体，就是由员工服务的对象来对他们的绩效进行考核，这里的客户不仅包括外部客户，还包括内部客户。客户考核有助于员工更加关注自己的工作结果，提高工作的质量。它的缺点是：客户更侧重于员工的工作结果，不利于对员工进行全面的评价；再有就是，有些职位的客户比较难以确定，不适于使用这种方法。

由于不同的考核主体收集考核信息的来源不同，对员工绩效的看法也会不同，为了保证绩效考核的客观公正，应当根据考核指标的性质来选择考核主体，选择的考核主体应当是对考核指标最为了解的。例如，"协作性"由同事进行考核，"培养部属的能力"由下级进行考核，"服务的及时性"由客户进行考核等。由于每个职位的绩效目标都由一系列的指标组成，不同的指标又由不同的主体来进行考核，因此每个职位的评价主体也有多个。此外，当不同的考核主体对某一个指标都比较了解时，这些主体都应当对这一指标做出考核，以尽可能地消除考核的片面性。

2. 考核方法

实践中，进行绩效考核的方法有很多，在前面我们已经列举了常用的绩效考核方法，企业可根据具体的情况来选择合适的方法。

(三) 绩效考核中的误区

由于绩效考核是一种人对人的评价，在这一过程中往往会出现一些错误，从而影响考核的效果。为了避免这些错误，我们首先应当知道这些错误是什么。绩效考核中容易产生的误区，一般有以下几种。

1. 晕轮效应

这种错误就是指以员工某一方面的特征为基础而对总体做出评价，通俗地讲就是"一好遮百丑"。举一个简单的例子，大家可能都有这样的经历，在学校时，学习成绩好的学生总是能够当选"三好学生"，尽管有些人在"德"和"体"方面并不符合要求，这就是晕轮效应造成的结果。

2. 逻辑错误

这种错误是指考核主体使用简单的逻辑而不是根据客观情况来对员工评价。例如，按照"口头表达能力强，那么公共关系能力就强"这种逻辑，根据员工的口头表达能力来对公共关系能力做出评价。

3. 近期误差

这种错误是指以员工在近期的表现为根据而对整个绩效考核周期的表现做出评价，例如考核周期为半年，员工只是在最近几周总提前上班，以前总是迟到，考核主体就根据最近的表现给员工的出勤情况评为优秀。

4. 近期效应

这种错误和近期误差正好相反，是指考核主体根据员工起初表现而对整个绩效考核周期的表现做出评价。例如，员工在考核周期开始时非常努力地工作，绩效也非常好，即使他后来的绩效并不怎么好，上级还是根据开始的表现对他在整个考核周期的绩效做出了较高的评价。

5. 对比效应

这种错误就是指考核主体将员工和自己进行对比，与自己相似的就给予较高的评价，与自己不同的就给予较低评价。例如，一个作风比较严谨的上级，对做事一丝不苟的员工评价比较高，而对不拘小节的员工评价比较低，尽管两个人实际的绩效水平差不多。

6. 溢出效应

这种错误就是指根据员工在考核周期以外的表现对考核周期内的表现做出评价。例如，生产线上的工人在考核周期开始前出了一次事故，在考核周期内他并没有出现问题，全是由于上次事故的影响，上级对他们绩效评价还是比较低。

7. 宽大化倾向

这种错误就是指考核主体放宽考核的标准，给所有员工的考核结果都比较高。与此类似的错误还有严格化倾向和中心化倾向，前者指掌握的标准过严，给员工的考核结果都比较低；后者指对员工的考核结果比较集中，既不过高，也不过低。

为了减少甚至避免这些错误，应当采取以下措施：① 建立完善的绩效目标体系，绩效考核指标和绩效考核标准应当具体、明确；② 选择恰当的考核主体，考核主体应当对员工在考核指标上的表现最为了解，这两个问题在前面已经做过详细的阐述；③ 选择合适的考核方法，例如强制分布法和排序法就可以避免宽大化、严格化和中心化倾向；④ 对考核主体进行培训，考核开始前要对考核主体进行培训，指出这些可能存在的误区，从而使他们在考核过程中能够有意识地避免这些误区。

三、反馈阶段

实施阶段结束以后，接着就是反馈阶段，这一阶段主要是完成绩效反馈的任务，也就是说上级要就绩效考核的结果和员工进行面对面的沟通，指出员工在绩效考核期间存在的问题，并一起制订出绩效改进的计划。为了保证绩效的改进，还要对绩效改进计划的执行效果进行跟踪。

（一）绩效反馈应注意的问题

为了保证绩效反馈的效果，在反馈绩效时应当注意以下几个问题。

（1）绩效反馈应当及时。在绩效考核结束后，上级应当立即就绩效考核的结果向员工进行反馈。

（2）绩效反馈要指出具体的问题。例如，反馈时不能只告诉员工"你的工作态度不好"，而应该告诉员到底怎么不好，如"你的工作态度不好，在这一个月内你迟到了10次；上周开会时讨论的材料你没有提前读过"等。

（3）绩效反馈要指出问题出现的原因。除了要指出员工的问题外，绩效反馈还应当和员工一起找出造成这些问题的原因并有针对性地制订出改进计划。

（4）绩效反馈不能针对人。在反馈过程中，针对的只能是员工的工作绩效，而不能是员工本人，这样容易伤害员工，造成抵触情绪，影响反馈的效果。例如，不能出现"你怎么这么笨""别人都有能完成，你怎么不行"之类的话。

（5）注意绩效反馈时说话的技巧。由于绩效反馈是一种面谈，因此说话的技巧会影响反馈的效果。在进行反馈时，首先要消除员工的紧张情绪，建立起融洽的谈话气氛；其次，在反馈过程中，语气要平和，不能引起员工的反感；再次，要给员工说话的机会，允许他们解释，绩效反馈是一种沟通，不是在指责员工；最后，该结束的时候一定要结束，否则就是在浪费时间。

（二）绩效反馈效果的衡量

在绩效反馈结束以后，管理者还必须对反馈的效果加以衡量，提高以后的反馈效果。衡量反馈效果时，可以从以下几个方面进行考虑。

（1）此次反馈是否达到了预期的目的？

（2）下次反馈时，应当如何改进谈话的方式？

（3）有哪些遗漏必须加以补充？又有哪些无用的内容必须删除？

（4）此次反馈对员工改进工作是否有帮助？

（5）反馈是否增进了双方的理解？

（6）对于此次反馈，自己是否感到满意？

对于得到肯定回答的问题，在下一次反馈中就应当支持；得到否定回答的问题，在下一次反馈中就必须加以改进。

四、运用阶段

绩效管理实施的最后一个阶段是运用阶段，就是说要将绩效考核的结果运用到人力资源管理的其他职能中去，从而真正发挥绩效管理的作用，保证绩效管理目的的实现。

绩效考核结果的运用包括两个层次的内容：一是直接根据绩效考核结果做出相关的奖惩决策；二是对绩效考核的结果进行分析，从而为人力资源管理其他职能的实施提供指导或依据。第二个层次的有关内容，在本章第一节中已经作了详细的阐述，这里重点是对第一个层次做出说明。

按照期望理论的解释，当员工经过个人的努力取得了一定的绩效后，组织应当根据绩效的结果给予相应的奖励，这样他们才会有继续努力工作的动机，当然这些奖励要能够满足员工的需要才行。此外，强化理论也指出，当员工的工作结果或行为符合企业的要求时，应当给予正强化，以鼓励这种结果或行为；当工作结果或行为不符合企业的要求时，应当给予惩罚，以减少这种结果或行为的发生。因此，企业应当根据员工绩效考核的结果给予他们相应奖励或惩罚。这种奖惩主要体现在两个方面：一是工资奖金的变动；二是职位的变动。

知识检验

1. 什么是绩效？如何理解绩效管理？
2. 绩效管理的实施步骤是什么？
3. 绩效考核中的误区有哪些？如何避免？
4. 绩效考核的方法有哪些？
5. 绩效考核的主题包括哪些？该如何选择？

管理技能转化

一、实际应用分析题

1. "绩效管理就是我们所说的绩效考核，二者没有区别。"你同意上述观点吗？请说明理由。

2. 在绩效考评时，要找出员工工作绩效差距与不足，具体你会选用哪些绩效考核的方法呢？请说明理由。

二、管理问题诊断与分析

案例 8-1 绩效考核伤了小李的心

在公司的 2015 年年度员工绩效考核工作中，小李的绩效被评了个 A（考核分五级，A：杰出，B：良好，C：正常，D：需改进，E：淘汰），小李很高兴，毕竟自己的工作得到了领导的认同和肯定。

绩效考核是由各部门经理对员工 2015 年工作绩效、任职状况、工作态度等方面进行全面评价，结果会影响员工职位及薪级调整，故考核比较重要。小李自认为很好地完成了本职工作：全年没有明显失误，尤其前一段时间经常加班到晚上 9 点多，很多节假日不休息，表现还是对得起领导的评价。但是当他听到一个消息后这种喜悦感就没有了，反而愤愤不平给女友诉苦。

"下午生产部的一个同事告诉我,他们部门的小张考核也得了个 A,大家都觉得不公平。我听了很惊讶,第一感觉是不是搞错了,我并不是嫉妒他而是觉得太不可思议了。这个小张每天都利用单位座机给女朋友打电话聊天,一天要打上三四次有时长达半个小时之久,公司规定用单位座机打私人电话每次不能超过 3 分钟。另外,小张还经常上班玩游戏,其实在不忙的时候上上网、看看新闻公司是允许的,可要是玩游戏就不成了。他竟然能被评为 A,是不是有些不公平。还有天天上网炒股的小刘,最后被评了个 B,而有的人全年表现都不错只是出现一个小错误就被评为 D,我加班加点努力工作的考核是 A,他们天天打私人电话聊天,玩游戏也是 A,考核制度岂不形同虚设?"

(资料来源:htpp://www.docin.com/p-85375225.html)

分组讨论

1. 为什么小李对部门绩效考核结果是先高兴后伤心呢?
2. 你认为该公司的绩效考核存在哪些问题?

案例 8-2 某公司的年终绩效考核

某公司又到了年终绩效考核的时候了,从主管人员到员工每个人都忐忑不安。公司采用强迫分布式的末位淘汰法,到年底,根据员工的表现,将每个部门的员工划分为 A、B、C、D、E 五个等级,分别占 10%、20%、40%、20%、10%。如果员工有一次被排在最后一级,则工资降一级;如果有两次排在最后一级,则下岗进行培训,培训期间只领取基本生活费,培训后根据考察的结果再决定是否上岗,如果上岗后再被排在最后 10%,则被淘汰。主管人员与员工对这种绩效考核方法都很有意见。财务部主管老高每年都为此煞费苦心,该部门是职能部门,大家都没有什么错误,工作都完成得很好,把谁评为 E 级都不合适。去年,小田因家里有事,请了几天假,有几次迟到了,但是也没耽误工作。老高没办法只好把小田报上去了。为此,小田到现在还耿耿于怀。今年老高又发愁该把谁报上去。

(资料来源:http://www.doc88.com/p-068193730281.html)

分组讨论

1. 请问财务部是否适合采用硬性分配法进行绩效考评?为什么?
2. 如果重新设计该公司财务部门的绩效考评方案,你认为应该注意哪些问题?

三、管理实战演练

A 企业是一家小型保健品营销公司,市场部有 8 名营销人员,对市场人员的考核主要想从销售业绩和工作态度入手,考核期为半年,并且要求每次考核都有不适合岗位的员工被淘汰。请你帮市场部的负责人选择一种或组合使用的考核方法,并为其设计较为详细的考核方案。

人力资源管理表格

普通员工评定表

姓名：＿＿＿＿＿ 部门：＿＿＿＿＿ 岗位：＿＿＿＿＿ 考评日期：＿＿＿＿＿

评价因素	对评价期间工作成绩的评价要点	评价尺度				
		优	良	中	可	差
工作态度	A. 严格遵守工作制度，有效利用工作时间	14	12	10	8	6
	B. 对新工作持积极态度	14	12	10	8	6
	C. 忠于职守、坚守岗位	14	12	10	8	6
	D. 以协作精神工作，协助上级，配合同事	14	12	10	8	6
受命准备	A. 正确理解工作内容，制订适当的工作计划	14	12	10	8	6
	B. 不需要上级详细的指示和指导	14	12	10	8	6
	C. 及时与同事及协作者取得联系，使工作顺利进行	14	12	10	8	6
	D. 迅速、适当地处理工作中的失败及临时追加任务	14	12	10	8	6
业务活动	A. 以主人公精神与同事同心协力努力工作	14	12	10	8	6
	B. 正确认识工作目的，正确处理业务	14	12	10	8	6
	C. 积极努力改善工作方法	14	12	10	8	6
	D. 不打乱工作秩序，不妨碍他人工作	14	12	10	8	6
工作效率	A. 工作速度快，不误工期	14	12	10	8	6
	B. 业务处置得当，经常保持良好成绩	14	12	10	8	6
	C. 工作方法合理，时间和经费的使用十分有效	14	12	10	8	6
	D. 工作中没有半途而废，不了了之和造成后遗症的现象	14	12	10	8	6
成果	A. 工作成果达到预期目的或计划要求	14	12	10	8	6
	B. 及时整理工作成果，为以后的工作创造条件	14	12	10	8	6
	C. 工作总结和汇报准确真实	14	12	10	8	6
	D. 工作中熟练程度和技能提高较快	14	12	10	8	6

1. 通过以上各项的评分，该员工的综合得分是：＿＿＿＿＿分
2. 你认为该员工应处于的等级是：（选择其一）[ ] A [ ] B [ ] C [ ] D
   A. 240 分以上   B. 200～240 分   C. 160～200 分   D. 160 分以下
3. 考核者意见＿＿＿＿＿＿＿＿＿＿＿＿＿＿＿＿＿＿＿＿＿＿＿＿＿＿＿＿＿＿＿

考核者签字：＿＿＿＿＿＿＿　　日期：＿＿＿＿年＿＿＿＿月＿＿＿＿日

员工年度考绩表

姓名		职位					薪金			到职后				
本年度考绩		本年度勤假	迟到	早退	旷工	事假	请假	其他	本年度功过	大功	小功	嘉奖	大过	小过	申诫
考绩项目		最高分数	初核						复核					
			得分		综合评语				得分		综合评语			
专长及学识 25%	本职技能及知识	25												
	经验及见解	25												
	特殊之贡献	25												
	专长及一般常识	25												
平常考绩得分 75%		100												
年度总成绩合计分数														
考绩成果	本年度请假应扣分数													
	本年度功过应增减分数													
	实得分数													
	等级													
	应予奖惩													
备注														
部门主管			直属上司											

▶▶ 相关链接

猎人对猎狗的考核

一条猎狗将兔子赶出了窝,一直追赶它,追了很久仍没有捉到。牧羊狗看到此种情景,讥笑猎狗说:"你们两个之间小的反而跑得快得多。"猎狗回答说:"你不知道我们两个的跑是完全不同的!我仅仅为了一顿饭而跑,它却是为了性命而跑呀!"

这话被猎人听到了,猎人想:猎狗说的对啊,那我要想得到更多的猎物,得想个好法子。于是,猎人又买来几条猎狗,凡是能够在打猎中捉到兔子的,就可以得到几根骨头，捉不到的就没有饭吃。这一招果然有用，猎狗们纷纷去努力追兔子，因为谁都不愿意看着别人有骨头吃，自己没得吃。就这样过了一段时间，问题又出现了。大兔子非常难捉到，小兔子好捉。但捉到大兔子得到的奖赏和捉到小兔子得到的骨头差不多，猎狗们发现了这个窍门，专门去捉小兔子。猎人对猎狗说："最近你们捉的兔子越来越小了，为什么？"猎狗们说："反正没有什么大的区别，为什么费那么大的劲去捉那些大的呢？"

猎人经过思考后，决定不将分到的骨头的数量与是否捉到兔子挂钩，而是采用每过一段时间，就统计一次猎狗捉到兔子的总重量。按照重量来评价猎狗，决定一段时间内的待遇。于是猎狗们捉到兔子的数量和重量都增加了。猎人很开心。但是过了一段时间，猎人发现，猎狗们捉兔子的数量又少了，而且越有经验的猎狗，捉兔子的数量下降的就越厉害。于是猎人又去问猎狗。猎狗说："我们把最好的时间都奉献给了您，主人，但是我们随着时间的推移会老，当我们捉不到兔子的时候，您还会给我们骨头吃吗？"

猎人做了论功行赏的决定。分析与汇总了所有猎狗捉到兔子的数量与重量，规定如果捉到的兔子超过了一定的数量后，即使捉不到兔子，每顿饭也可以得到一定数量的骨头。猎狗们都很高兴，大家都努力去达到猎人规定的数量。一段时间过后，终于有一些猎狗达到了猎人规定的数量。这时，其中有一只猎狗说："我们这么努力，只得到几根骨头，而我们捉的猎物远远超过了这几根骨头。我们为什么不能给自己捉兔子呢？"于是，有些猎狗离开了猎人，自己捉兔子去了。

猎人意识到猎狗正在流失，并且那些流失的猎狗像野狗一般和自己的猎狗抢兔子。情况变得越来越糟，猎人不得已引诱了一条野狗，问他到底野狗比猎狗强在哪里。野狗说："猎狗吃的是骨头，野狗吃的是肉啊！"，接着又道："也不是所有的野狗都顿顿有肉吃，大部分最后骨头都没得舔！不然也不至于被你诱惑。"于是猎人进行了改革，使得每条猎狗除基本的骨头外，可获得其所猎兔肉总量的 $n\%$，而且随着服务时间加长，贡献变大，该比例还可递增，并有权分享猎人总兔肉 $m\%$。就这样，猎狗们与猎人一起努力，将野狗们逼得叫苦连天，纷纷强烈要求重归猎狗队伍。

考核激励是企业管理的永恒话题。考核激励决定了行为导向，考核激励什么，就得到什么。许多企业不同阶段考核激励的重点不一样。但从单一到全面，从粗浅到精细，是一个渐变的过程，从猎狗的故事可以看到，考核激励要实现精细化，实现人性化，做到公司与人员的双赢，这样的考核激励才是最有成效的。

（资料来源：http://www.glzy8.com/ceo/11463.html）

模块四 人力资源的保留

Four 4

项目九　设计薪酬管理体系

项目十　实施劳动关系管理和社会保障

项目九　设计薪酬管理体系

知识目标

1. 了解薪酬的含义、形式及其构成；
2. 熟悉现代薪酬管理发展的趋势；
3. 理解薪酬设计的原则；
4. 掌握薪酬设计的影响因素及薪酬设计的流程；
5. 掌握福利的范围。

技能目标

1. 能够对不同类型工作文化的企业设计不同的薪酬体系；
2. 熟悉现代薪酬管理发展的趋势。

引导案例

员工们喜欢什么样的年终奖

张先生在一家工艺公司工作，他觉得，正常情况下，不论是管理人员还是一般员工，大多数员工比较喜欢的年终奖是现金或银行卡。因为现金或银行卡到手后，可以自由支配，想怎么用就怎么用。购物券的麻烦在于，一般情况下购物券都有使用期限及限定购物场所，使用起来较麻烦。而作为年终奖发给员工的实物大都不实用，很多人领到实物后常常闲置不用。

年近50岁的何先生认为，如果年终奖是一笔现金那是最好的事，如果没有现金，能领到实物那也未尝不可，当然，如果实物是一些有纪念意义的东西也很不错。因为，工作的压力将同事、同学、朋友间的距离拉远，特别是一些同事由于存在竞争等原因，彼此间缺少和谐、融洽的关系。如果年终奖能发给一些真正实用或有纪念意义的实物，若干年后，不论大家是否还在共事，至少在看到这些东西时，多少都会想起当初的点点滴滴，从而珍惜共事的缘分和不易，在往后的工作和生活中也更懂得如何处理好与周围人的关系。

在郴州工业区工作的朱女士说,她发现一些企业老板为了省钱,在给员工发放年终奖时竟会以变质物品作为年终奖发给员工,一些购物券和代币券,也是要么质差价高,要么好看不实用,这样一来,其实是员工的切身利益大受损害。

朱女士举例说,一年春节前,公司发给大家一些购物券。当她们凭这些券到指定的超市领取指定的物品后,发现这些物品中的每瓶葡萄酒价格竟要比市场价高出约20元,而鱼干等海产品不但价格明显偏高,质量也非常差。

谢小姐在一家较具规模的合资企业工作,每年岁末,企业都要给大家加发一定数额的奖金和一些较为实用的实物。今年,公司还根据员工表现,增加了优秀员工免费旅游奖,全公司共有十多人因工作业绩突出而获得价值不等的国内外旅游奖励。谢小姐认为,这种旅游、休闲的奖励方式,可有效缓解和减轻优秀员工的压力,增长他们的见识。尤其是在免费旅游中欣赏那些风景迷人的名山大川、异国风情,员工们通常都会长时间津津乐道,久久难以忘怀,从而带动更多员工的积极性。与此相比,纯现金奖励则容易随着时间推移而被人淡忘。

(资料来源:http://www.hbrc.com/rczx/shownews-625759-35.html)

第一讲 薪酬管理概述

员工为企业提供劳动,作为基本回报,企业给员工支付薪酬。企业通过薪酬管理,制定合理的薪酬不仅是对员工价值的认可,而且也是吸引与保留人才的有效手段,同时更是企业管理制度的体现。

一、薪酬的概念与形式

(一)薪酬的含义

所谓薪酬是指员工从事企业所需要的劳动,而得到的以货币形式和非货币形式表现的补偿,是企业支付给员工的劳动报酬。

与传统的工资概念所不同的是,薪酬不仅包括经济性报酬,而且还包含了非经济性报酬,比如赞扬与地位、雇用安全、挑战性的工作和学习的机会以及从工作中所获得的成就感等。由于非经济性报酬主观性很强,且很难用货币衡量,因此本项目重点研究的是经济性报酬部分。如表9-1所示。

表 9-1 薪酬构成表

薪酬	经济性薪酬	直接经济薪酬	基本薪酬
			可变薪酬
		间接经济薪酬	带薪非工作时间
			员工个人及其家庭服务
			健康以及医疗保健
			人寿保险
			养老金
	非经济性薪酬	满足感	
		赞扬与地位	
		雇用安全	
		挑战性的工作机会	
		学习的机会	

（二）薪酬的形式

薪酬形式主要有以下 4 种。

1. 基本薪酬

基本薪酬又称基本工资，是组织根据员工所承担或完成的工作本身或者员工所具备的完成工作的技能或能力而向员工支付的稳定性报酬。企业常用的基本薪酬形式有职位薪资制、技能薪资制和能力薪资制。

基本薪酬一旦确定具有一定的稳定性。当出现整个社会生活水平发生变化或通货膨胀或是同类工作的薪酬有所改变以及员工个人技能的提高等情况，基本薪酬应该调整。

2. 绩效薪酬

绩效薪酬又称绩效工资，是组织根据员工过去工作行为和工作成果所支付的报酬，是对员工过去工作绩效的认可。作为基本工资之外的增加，绩效工资往往随员工业绩的变化而调整。调查资料表明，美国 90% 的公司采用了绩效工资。我国大多数企业在 2000 年前后的工资改革中也都纷纷建立了以绩效工资为主要组成部分的岗位工资体系。我国从 2010 年 1 月 1 日起，所有的事业单位都要实施绩效工资。

3. 激励薪酬

激励薪酬也是和绩效直接挂钩。有时人们把激励工资看成是可变工资，包括短期激励工资和长期激励工资。短期激励工资，是对员工短期行为和成果的奖励，主要形式是奖金。而长期激励工资，侧重与员工长期的行为和业绩，主要形式有利润分红、股票期权、期股等。

虽然激励工资和绩效工资对员工的业绩都有影响，但两者有三点不同：一是激励工资以支付工资的方式影响员工将来的行为，而绩效工资侧重于对过去工作的认可，即时间不同；二是激励工资制度在实际业绩达到之前已确定，与此相反，绩效工资往往不会提前被员工所知晓；三是激励工资是一次性支出，对劳动力成本没有永久的影响，业绩下降时，激励工资也会自动下降，绩效工资通常会加到基本工资上去，是永久的增加。

4. 福利

福利是组织向员工提供的除工资、奖金之外的各种保障性计划、补贴、服务以及实物报酬。它包括休假（假期）、服务（医药咨询、财务计划、员工餐厅）和保障（医疗保险、人寿保险和养老金）等，福利越来越成为薪酬的一种重要形式。

二、薪酬的功能

（一）激励功能

企业通过支付给员工不同的薪酬来评价员工个人的素质、能力、工作态度及其工作效果等。合理的薪酬可以促进员工产生更高的工作绩效，而更高的工作绩效又会为员工带来更高的薪酬。

（二）保障功能

员工通过劳动获得薪酬来维持自身的基本生存需要，以保证自身劳动力的再生产；薪酬还必须用于养育子女和自身的进修学习，以实现劳动力的再生产者人力资本的增值。

（三）调节功能

企业可以通过薪酬水平的变动和倾斜，促使员工个人行为与企业期望的行为最高限度地趋于一致；并引导内部员工合理流动；实现企业内部各种资源的高效配置；吸引企业需要的人力资源。

（四）增值功能

对企业而言，薪酬作为企业用于交换员工劳动的一种成本性投入，实际上是对活劳动（劳动要素）的数量和质量的一种投资，与其他资本投资一样，是为了获得预期的大于成本的收益。

三、薪酬管理

所谓薪酬管理，是指一个组织针对所有员工所提供的服务来确定他们应当得到的报酬总额以及报酬结构和报酬形式的一个过程。在这个过程中，企业就薪酬水平、薪酬体系、薪酬结构、薪酬构成以及特殊员工群体的薪酬做出决策。同时，作为一种持续的组织过程，企业还要持续不断地制订薪酬计划，拟定薪酬预算，就薪酬管理问题与员工进行沟通，同时对薪酬系统的有效性做出评价而后不断予以完善。

薪酬管理对几乎任何一个组织来说都是一个比较棘手的问题，主要是因为企业的薪酬管理系统一般要同时达到公平性、有效性和合法性三大目标，企业经营对薪酬管理的要求越来越高，但就薪酬管理来讲，受到的限制因素却也越来越多，除了基本的企业经济承受能力、政府法律法规外，还涉及企业不同时期的战略、内部人才定位、外部人才市场以及行业竞争者的薪酬策略等因素。

四、现代薪酬管理发展的趋势

薪酬制度对于企业来说是一把"双刃剑"，使用得当能够吸引、留住和激励人才，而使用不当则可能给企业带来危机。建立全新的、科学的、系统的薪酬管理系统，对于企业在知识经济时代获得生存和竞争优势具有重要意义。而改革和完善薪酬制度，也是当前企业面临的一项紧迫任务。与传统薪酬管理相比较，现代薪酬管理有以下几个发展趋势。

（一）全面薪酬制度

薪酬既不是单一的工资，又不是纯粹的货币形式的报酬，它还包括精神方面的激励，比如优越的工作条件、良好的工作氛围、培训机会、晋升机会等，这些方面也应该很好地融入薪酬体系中去。内在薪酬和外在薪酬应该完美结合，偏重任何一方都是跛脚走路。物质和精神并重，这就是目前提倡的全面薪酬制度。

（二）薪酬与绩效挂钩

单纯的高薪并不能起到激励作用，这是每一本薪酬设计方面的教科书和资料反复强调的观点，只有与绩效紧密结合的薪酬才能够充分调动员工的积极性。而从薪酬结构上看，绩效工资的出现丰富了薪酬的内涵，过去的那种单一的僵死的薪酬制度已经越来越少，取而代之的是与个人绩效和团队绩效紧密挂钩的灵活的薪酬体系。

（三）宽带型薪酬结构

工资的等级减少，而各种职位等级的工资之间可以交叉。宽带的薪酬结构可以说是为配合组织扁平化而量身定做的，它打破了传统薪酬结构所维护的等级制度，有利于企业引导员工将注意力从职位晋升或薪酬等级的晋升转移到个人发展和能力的提高方面，给予绩效优秀者比较大的薪酬上升空间。

（四）员工激励长期化、薪酬股权化

目的是为了留住关键的人才和技术，稳定员工队伍。其方式主要有员工股票选择计划（ESOP）、股票增值权、虚拟股票计划、股票期权等。

（五）重视薪酬与团队的关系

以团队为基础开展项目，强调团队内协作的工作方式正越来越流行，与之相适应，应该针对团队设计专门的激励方案和薪酬计划，其激励效果比简单的单人激励效果好。团队奖励计划尤其适合人数较少，强调协作的组织。

（六）薪酬制度的透明化

关于薪酬的支付方式到底是应该公开还是透明，这个问题一直存在比较大的争议。从最近的资料来看，支持透明化的呼声越来越高，因为毕竟保密的薪酬制度使薪酬应有的激励作用大打折扣。而且，实行保密薪酬制的企业经常出现这样的现象：强烈的好奇心理使得员工通过各种渠道打听同事的工资额，使得刚制定的保密薪酬很快就变成透明的了，即使制定严格的保密制度也很难防止这种现象。既然保密薪酬起不到保密作用，不如直接使用透明薪酬。

（七）有弹性、可选择的福利制度

企业在福利方面的投入在总的成本里所占的比例是比较高的，但这一部分的支出往往被员工忽视，认为不如货币形式的薪酬实在，有一种吃力不讨好的感觉；而且，员工在福利方面的偏好也是因人而异，非常个性化的。解决这一问题，目前最常用的方法是采用选择性福利，即让员工在规定的范围内选择自己喜欢的福利组合。

(八) 薪酬信息日益得到重视

企业在进行薪酬管理时，需要密切关注薪酬信息，包括外部信息和内部信息。

外部信息是指相同地区和行业，相似性质、规模的企业的薪酬水平、薪酬结构、薪酬价值取向等。外部信息主要是通过薪酬调查获得的，能够使企业在制订和调整薪酬方案时，有可以参考的资料。

内部信息主要是指员工满意度调查和员工合理化建议。满意度调查的功能并不一定在于了解有多少员工对薪酬是满意的，而是了解员工对薪酬管理的建议以及不满到底是在哪些方面，进而为制定新的薪酬制度打下基础。

第二讲 薪酬设计

薪酬是人力资源管理的一个非常重要的工具，使用得当，会激发员工高涨的工作热情，而且又能达到企业人力成本比较合理的目的，有利于企业取得良好的经济效益。因此，富有竞争力的薪酬体系可以概括为"对外具有竞争性，对内满足公平性"。

一、薪酬设计的原则

(一) 战略导向原则

战略导向原则强调企业设计薪酬时必须从企业战略的角度进行分析，制定的薪酬政策和制度必须体现企业发展战略的要求。企业的薪酬不仅仅只是一种制度，它更是一种机制，合理的薪酬制度驱动和鞭策那些有利于企业发展战略的因素的成长和提高，同时使那些不利于企业发展战略的因素得到有效的遏制、消退和淘汰。因此，企业设计薪酬时，必须从战略的角度进行分析哪些因素重要，哪些因素不重要，并通过一定的价值标准，给予这些因素一定的权重，同时确定它们的价值分配即薪酬标准。

(二) 公平性原则

企业在进行薪酬设计时，必须要满足公平性原则。薪酬是否公平会影响其对员工的激励作用。薪酬公平包括四个层面：一是外部公平，即在同一行业或同一地区或同等规模的企业类似职务的薪酬应该大致相同；二是内部公平，即同一企业中不同职务所获薪酬与付出的比值大致相同；三是员工公平，即企业应根据员工的个人因素诸如业绩和学历等，对完成类似工作的员工支付大致相同的薪酬；四是小组公平，即企业中不同任务小组所获薪酬应与各自的绩效水平成正比。

(三) 竞争性原则

它强调企业在设计薪酬时必须考虑同行业薪酬市场的薪酬水平和竞争对手的薪酬水平，保证企业的薪酬水平在市场上具有一定的竞争力，能充分地吸引和留住企业发展所需的战略性、关键性人才。

（四）激励性原则

激励性原则即企业在设计薪酬时充分考虑薪酬的激励效果，适当拉开各职务间的薪酬差距，体现按劳按贡献分配的原则。这里涉及企业薪酬（人力资源投入）与激励效果（产出）之间的比例代数关系，企业在设计薪酬策略时要充分考虑各种因素，使薪酬的支付获得最大的激励效果。

（五）经济性原则

薪酬设计的经济性原则强调企业设计薪酬时必须充分考虑企业自身发展的特点和支付能力。它包括两个方面的含义：短期来看，企业的销售收入扣除各项非人工（人力资源）费用和成本后，要能够支付起企业所有员工的薪酬；从长期来看，企业在支付所有员工的薪酬，及补偿所用非人工费用和成本后，要有盈余，这样才能支撑企业追加和扩大投资，获得企业的可持续发展。

（六）合法性原则

企业的薪酬制度必须符合国家以及当地的政策法律。比如，薪酬不能低于当地规定的最低工资，参照当地的工资调整规定和物价水平调整员工工资等。

二、薪酬设计的基本流程

（一）薪酬调查

薪酬调查是薪酬设计中的重要组成部分。它解决的是薪酬的对外竞争力和对内公平问题，是整个薪酬设计的基础。只有实事求是的薪酬调查，才能使薪酬设计做到有的放矢，解决企业的薪酬激励的根本问题，做到薪酬个性化和有针对性的设计。通常薪酬调查需要考虑以下3个方面。

（1）企业薪酬现状调查。通过科学的问卷设计，从薪酬水平的三个公正（内部公平、外部公平、自我公平）的角度了解造成现有薪酬体系中的主要问题以及造成问题的原因。

（2）进行薪酬水平调查。主要收集行业和地区的薪资增长状况、不同薪酬结构对比、不同职位和不同级别的职位薪酬数据、奖金和福利状况、长期激励措施以及未来薪酬走势分析等信息。

（3）薪酬影响因素调查。综合考虑薪酬的外部影响因素，如国家的宏观经济、通货膨胀、行业特点和行业竞争、人才供应状况，以及企业的内部影响因素，如赢利能力和支付能力、人员的素质要求及企业发展阶段、人才稀缺度、招聘难度。

（二）确定薪酬原则和策略

薪酬原则和策略的确定是薪酬设计后续环节的前提。在充分了解企业目前薪酬管理现状的基础上，确定薪酬分配的依据和原则，以此确定企业的有关分配政策与策略，例如，不同层次、不同系列人员收入差距的标准，薪酬的构成和各部分的比例等。

（三）职位分析

职位分析是薪酬设计的基础性工作。基本步骤包括：结合企业经营目标，在业务分析和人员分析的基础上，明确部门职能和职位关系；然后进行岗位职责调查分析；

最后由岗位员工、员工上级和人力资源管理部门共同完成职位说明书的编写。

（四）岗位评价

岗位评价重在解决薪酬对企业内部的公平性问题。通过比较企业内部各个职位的相对重要性，得出职位等级序列。岗位评价以岗位说明书为依据，方法有许多种，企业可以根据自身的具体情况和特点，采用不同的方法来进行。

（五）薪酬类别的确定

根据企业的实际情况和未来发展战略的要求，对不同类型的人员应当采取不同的薪酬类别，例如，企业高层管理者可以采用与年度经营业绩相关的年薪制，管理序列人员和技术序列人员可以采用岗位技能工资制，营销序列人员可以采用提成工资制，企业急需的人员可以采用特聘工资制等。

（六）薪酬结构设计

薪酬的构成因素反映了企业关注内容，因此采取不同的策略、关注不同的方面就会形成不同的薪酬构成。企业在考虑薪酬的构成时，往往综合考虑下列因素：一是职位在企业中的层级；二是岗位在企业中的职系；三是岗位员工的技能和资历；四是岗位的绩效，分别对应薪酬结构中的不同部分。

总之，薪酬体系设计必须根据企业的实际情况，并紧密结合企业的战略和文化，系统、全面、科学地考虑各项因素，并及时根据实际情况进行修正和调整，才能充分发挥薪酬的激励和引导作用，为企业的生存和发展起到重要的制度保障作用。

三、薪酬设计的策略选择

企业设计薪酬首先必须在发展战略的指导下制定企业的薪酬策略，企业薪酬策略的制定包含水平策略和结构策略两个方面。

（一）薪酬的水平策略

薪酬的水平策略主要是制定企业相对于当地市场薪酬行情和竞争对手薪酬水平的企业自身薪酬水平策略。供企业选择的薪酬水平策略有如下几种。

1. 市场领先策略

采用这种薪酬策略的企业，薪酬水平在同行业的竞争对手中是处于领先地位的。领先薪酬策略一般基于以下几点考虑：市场处于扩张期，有很多的市场机会和成长空间，对高素质人才需求迫切；企业自身处于高速成长期，薪酬的支付能力比较强；在同行业的市场中处于领导地位等。20世纪90年代初的深圳华为就采用的是市场领先的薪酬策略，因为当时的通信行业正处于高速成长期，同时华为也处于飞速发展期。

世界著名的思科（CISCO）公司的薪酬策略是：思科的整体薪酬水平就像思科成长速度一样处于业界领导地位，为保持领导地位，思科一年至少做两次薪酬调查，不断更新。

2. 市场跟随策略

采用这种策略的企业，一般都建立或找准了自己的标杆企业，企业的经营与管理模式都向自己的标杆企业看齐，同样薪酬水平跟标杆企业差不多就行了。

3. 成本导向策略

采用这种策略的企业在制定薪酬水平策略时不考虑市场和竞争对手的薪酬水平，只考虑尽可能地节约企业生产、经营和管理的成本，这种企业的薪酬水平一般比较低。采用这种薪酬水平的企业一般实行的是成本领先战略。

4. 混合薪酬策略

顾名思义，混合薪酬策略就是在企业中针对不同的部门、不同的岗位、不同的人才，采用不同的薪酬策略。比如，对于企业核心与关键性人才和岗位的策略采用市场领先薪酬策略，而对一般的人才、普通的岗位采用非领先的薪酬水平策略。

（二）薪酬结构策略

薪酬结构主要是指企业总体薪酬所包含的固定部分薪酬（主要指基本工资）和浮动部分薪酬（主要指奖金和绩效薪酬）所占的比例。供企业选择的薪酬结构策略有如下几种。

1. 高弹性薪酬模式

这是一种激励性很强的薪酬模型，绩效薪酬是薪酬结构的主要组成部分，基本薪酬等处于非常次要的地位，所占的比例非常低（甚至为零）。即薪酬中固定部分比例比较低，而浮动部分比例比较高。这种薪酬模型，员工能获得多少薪酬完全依赖于工作绩效的好坏。当员工的绩效非常优秀时，薪酬会非常高；当绩效非常差时，薪酬会非常低甚至为零。

2. 高稳定薪酬模式

这是一种稳定性很强的薪酬模型，基本薪酬是薪酬结构的主要组成部分，绩效薪酬等处于非常次要的地位，所占的比例非常低（甚至为零）。即薪酬中固定部分比例比较高，而浮动部分比例比较低。这种薪酬模型，员工的收入非常稳定，几乎不用努力就能获得全额的薪酬。

3. 调和型薪酬模式

这是一种既有激励性又有稳定性的薪酬模型，绩效薪酬和基本薪酬各占一定的比例。当两者比例不断调和和变化时，这种薪酬模型可以演变为以激励为主的模型，也可以演变为以稳定为主的薪酬模型。三种薪酬模式的比较如表9-2所示：

表9-2 三种薪酬模式的比较

薪酬模式	高弹性薪酬模式	高稳定薪酬模式	调和型薪酬模式
特点	绩效薪酬是薪酬结构的主要组成部分，基本薪酬等处于非常次要的地位，所占的比例非常低（甚至为零）	基本薪酬是薪酬结构的主要组成部分，绩效薪酬等处于非常次要的地位，所占的比例非常低（甚至为零）	绩效薪酬和基本薪酬各占一定比例
优点	对员工的激励性很强，员工的薪酬完全依赖于其工作绩效的好坏	员工收入波动很小，员工安全感很强	对员工既有激励性又有安全感
缺点	员工收入波动很大，员工缺乏安全感及保障	缺乏激励功能，容易导致员工懒惰	必须制定科学合理的薪酬系统

企业在进行薪酬设计时，还可以选择一种叫作混合型的薪酬结构策略。这种策略的特点是针对不同的岗位、不同人才的特点选择不同的薪酬结构策略，比如严格要求自己、积极要求上进，而且喜欢接受挑战的员工可以采用高弹性的薪酬模型，对于老老实实做事、追求工作和生活稳定的员工可以采用高稳定型的薪酬模型。

第三讲　常见的薪酬制度

企业中常见的薪酬制度主要有职务工资制、职能工资制、绩效工资制和年薪制，每种薪酬制度都有自己的利弊和适用情景。

一、职务工资制

职务工资制是首先对职务本身的价值做出客观的评估，然后根据这种评估的结果赋予担任这一职务的从业人员与其职务价值相当的工资的一种工资制度。这种工资体系建立在职务评价的基础上，职工所执行职务的差别是决定基本工资差别的最主要因素。

职务工资制的特点是：严格的职务分析，比较客观公正；职务工资比重较大，职务津贴高，在整个工资中职务工资一般在60%以上，工资浮动比重小，比较稳定；严格的职等职级，并对应严格的工资等级；容易形成管理独木桥，职员晋升的机会比较小，成长的规划比较窄，影响了员工工作的积极性、主动性和创造性。

二、职能工资制

职务工资制基于职务，发放的对象是职务；职能工资制基于员工能力，发放的对象是员工能力，其中，能力工资在整个工资中占65%以上比例。管理咨询公司北京和君创业就倡导基于能力的薪酬体系设计。设计职能工资制的难点在于不能科学有效地对员工的能力进行测试和评价。这里有一个著名的素质冰山模型，即员工有很大一部分能力是隐藏没有外显出来，特别是员工的行为动机根本无法正确进行测试。因此在评估员工能力就相当困难。另外，基于能力设计薪酬，那么哪些能力应用于固定工资？哪些能力又与浮动工资有关？哪些能力应用于短期激励和考核呢？哪些能力与长期激励和考核有关呢？这些都应该弄清楚。当然，职能工资制相比职务工资制要科学、合理得多，因为它把员工的成长与企业的发展统一起来考虑，而不是把员工当机器，仅仅执行一定的职务和承担一定的职责。职能工资制的重点在于职业化任职资格体系和职业化素质与能力评价体系的建立。

三、绩效工资制

绩效工资制的前身是计件工资，但它不是简单意义上的工资与产品数量挂钩的工资形式，而是建立在科学的工资标准和管理程序基础上的工资体系。它的基本特征是将员工的薪酬收入与个人业绩挂钩。业绩是一个综合的概念，比产品的数量和质量内涵更为宽泛，它不仅包括产品数量和质量，还包括员工对企业的其他贡献。企业支付给员工的业绩工资虽然也包括基本工资、奖金和福利等几项主要内容，但各自之间不是独立的，而是有机地结合在一起。

绩效工资制的特点：一是有利于员工工资与可量化的业绩挂钩，将激励机制融于企业目标和个人业绩的联系之中；二是有利于工资向业绩优秀者倾斜，提高企业效率和节省工资成本；三是有利于突出团队精神和企业形象，增大激励力度和员工的凝聚力；四是绩效工资占总体工资的比例在50%以上，浮动部分比较大。

四、年薪制

年薪制是以年度为单位，依据企业的生产经营规模和经营业绩，确定并支付经营者年薪的分配方式。

年薪制是顺应资本主义国家分配制度的变革而产生的。在国外，企业经历了业主制、合伙制和公司制三种形式。随着企业规模的不断扩大，所有权和控制权逐渐分离，在社会上形成了一支强大的经理人队伍，企业的控制权逐渐被经理人控制。为了把经理人的利益与企业所有者的利益联系起来，使经理人的目标与所有者的目标一致，形成对经理人的有效激励和约束，于是产生了年薪制。因此，年薪制的主要对象是企业的经营管理人员。

年薪制的设计一般有以下5种模式可以选择：

（1）准公务员型模式：基薪+津贴+养老金计划；

（2）一揽子型模式：单一固定数量年薪；

（3）非持股多元化型模式：基薪+津贴+风险收入（效益收入和奖金）+养老金计划；

（4）持股多元化型模式：基薪+津贴+含股权、股票期权等形式的风险收入+养老金计划；

（5）分配权型模式：基薪+津贴+以"分配权""分配权"期权形式体现的风险收入+养老金计划。

第四讲 福利管理

福利作为薪酬的重要组成部分，已经得到越来越多的企业重视。如何利用有限的资源提高员工的福利水平，增强对员工的激励效果，成为人力资源管理者面临的问题。

一、福利的重要性

（一）吸引优秀员工

优秀员工是组织发展的顶梁柱。以前一直认为，组织主要靠高工资来吸引优秀员工，现在许多企业家认识到，良好的福利有时比高工资更能吸引优秀员工。

（二）提高员工的士气

良好的福利使员工无后顾之忧，使员工有与组织共荣辱之感，士气必然会高涨。

（三）降低员工辞职率

员工过高的辞职率必然会使组织的工作受到一定损失，而良好的福利会使很多可能流动的员工打消辞职的念头。

（四）激励员工

良好的福利会使员工产生由衷的工作满意感，进而激发员工自觉为组织目标而奋斗的动力。

（五）凝聚员工

组织的凝聚力由许多的因素组成，但良好的福利无疑是一个重要因素，因为良好的福利体现了组织的高层管理者以人为本的经营思想。

（六）提高企业经济效益

良好的福利一方面可以使员工得到更多的实惠，另一方面用在员工身上的投资会产生更多的回报。

二、福利的概念

福利是企业向员工提供的除工资、奖金之外的各种保障性计划、补贴、服务以及实物报酬。与其他形式的报酬相比，员工福利有以下三个主要特点。

（一）补偿性

员工福利是对劳动者为企业提供劳动的一种物质性补偿，也是员工工资收入的一种补充形式。

（二）均等性

企业内履行了劳动义务的员工，都可以平均地享受企业的各种福利。

（三）集体性

企业兴办各种集体福利事业，员工集体消费或共同使用共同物品等是员工福利的主体形式，也是员工福利的一个重要特征。

三、福利的类型

（一）广义的福利与狭义的福利

广义的福利泛指在支付工资、奖金之外的所有待遇，包括社会保险在内。狭义的福利是指企业根据劳动者的劳动在工资、奖金，以及社会保险之外的其他待遇。

（二）法定福利与补充福利

法定福利亦称基本福利，是指按照国家法律法规和政策规定必须发生的福利项目，其特点是只要企业建立并存在，就有义务、有责任且必须按照国家统一规定的福利项目和支付标准支付，不受企业所有制性质、经济效益和支付能力的影响。法定福利包括：

（1）社会保险。包括生育保险、养老保险、医疗保险、工伤保险、失业保险以及疾病、伤残、遗属三种津贴。

（2）法定节假日。根据国务院发布的《全国年节及纪念日放假办法》，我国法定节假日包括三类。第一类是全体公民放假的节日（法定），包括新年（1月1日放假1天），春节放假3天，劳动节放假1天，国庆节放假3天，清明节、端午节和中秋节各放假1天，共11天。第二类是部分公民放假的节日及纪念日，包括：妇女节、青年节、儿童节、中国人民解放军建军纪念日。第三类是少数民族习惯的节日，具体节日由各少数民族地区人民政府规定放假日期。

（3）特殊情况下的工资支付。是指除属于社会保险，如病假工资或疾病救济费（疾病津贴）、产假工资（生育津贴）之外的特殊情况下的工资支付。如婚丧假工资、探亲假工资。

（4）工资性津贴，包括上下班交通费补贴、洗理费、书报费等。

（5）工资总额额外补贴项目包括：包括冬季取暖补贴、夏季高温补贴、差旅补贴。

补充福利是指在国家法定的基本福利之外，由企业自定的福利项目。企业补充福利项目的多少、标准的高低，在很大程度上要受到企业经济效益和支付能力的影响以及企业出于自身某种目的的考虑。

补充福利的项目五花八门，可以见到的有：交通补贴、房租补助、免费住房、工作午餐、女工卫生费、通信补助、互助会、职工生活困难补助、财产保险、人寿保险、法律顾问、心理咨询、贷款担保、内部优惠商品、搬家补助、子女医疗费补助等。

（三）集体福利与个人福利

集体福利主要是指全部职工可以享受的公共福利设施。如职工集体生活设施，如职工食堂、托儿所、幼儿园；集体文化体育设施，如图书馆、阅览室、健身室、浴池、体育场（馆）；医疗设施，如医院、医疗室。

个人福利是指在个人具备国家及所在企业规定的条件时可以享受的福利，如探亲假、冬季取暖补贴、子女医疗补助、生活困难补助、房租补贴等。

（四）经济性福利与非经济性福利

（1）经济性福利。

① 住房性福利。以成本价向员工出售住房，房租补贴等。

② 交通性福利。为员工免费购买公共汽车月票或地铁月票，用班车接送员工上下班。

③ 饮食性福利。免费供应午餐、慰问性的水果等。

④ 教育培训性福利。员工的脱产进修、短期培训等。

⑤ 医疗保健性福利。免费为员工进行例行体检或者打预防针等。

⑥ 有薪节假。节日、假日以及事假、探亲假、带薪休假等。

⑦ 文化旅游性福利。为员工过生日而举办的活动，集体的旅游、体育设施的购置等。

⑧ 金融性福利。为员工购买住房提供的低息贷款。

⑨ 其他生活性福利。直接提供的工作服等。

⑩ 企业补充保险与商业保险。

补充保险包括补充养老保险、补充医疗保险等。

商业保险有以下三种。

A. 安全与健康保险：包括人寿保险、意外死亡与肢体残伤保险、医疗保险、病假职业病疗养、特殊工作津贴等。

B. 养老保险金计划。

C. 家庭财产保险等。

（2）非经济性福利。企业提供的非经济性福利，基本的目的在于全面改善员工的"工作生活质量"。这类福利形式有以下三种。

① 咨询性服务。比如免费提供法律咨询和员工心理健康咨询等。

② 保护性服务。平等就业权利保护（反性别、年龄歧视等）、隐私权保护等。

③ 工作环境保护。比如实行弹性工作时间，缩短工作时间，员工参与民主化管理等。

知识检验

1. 什么是薪酬？你认为薪酬应当包括哪几部分？
2. 企业薪酬设计要考虑哪些因素和原则？
3. 简述薪酬设计的基本流程。
4. 比较三种薪酬结构策略模式的优点和缺点。
5. 结合实际，谈谈现代薪酬管理发展的趋势。
6. 举例说明福利的范围。

管理技能转化

一、实际应用分析题

1. 你认为企业应不应该给员工发放工资条？如果员工要求企业发放工资条，企业该如何处理？如果企业不给员工发放工资条，员工该如何做？
2. 企业在调整薪酬制度前，应该如何设计调查项目，才能更客观地了解到企业信息？

3. 假设某公司文秘岗位的工资是 1 200 元/月，除法定节假日外，每周休息一天。五月份，某某文秘请了 3 天病假。请问五月份该文秘实得工资是多少？

二、管理问题诊断与分析

案例 9-1　朗讯公司的薪酬管理

朗讯公司的薪酬结构由两大部分构成：一部分是保障性薪酬，跟员工的业绩关系不大，只跟其岗位有关；另一部分薪酬跟业绩紧密挂钩。朗讯公司的销售人员的待遇中有一部分专门属于销售业绩的奖金，业务部门根据个人的销售业绩，每一季度发放一次。在同行业中，朗讯公司薪酬中浮动部分比较大，朗讯公司这样做是为了将公司每个员工的薪酬与公司的业绩挂钩。

一、业绩比学历更重要

朗讯公司在招聘人才时比较重视学历，贝尔实验室 1999 年招了 200 人，大部分是研究生以上学历，"对于从大学刚刚毕业的学生，学历是我们的基本要求。"对其他的市场销售工作，基本的学历是要的，但是经验更重要。学位到了公司之后在比较短的时间就淡化了，无论是做市场还是做研发，待遇、晋升和学历的关系慢慢消失。在薪酬方面，朗讯公司是根据工作表现决定薪酬。进了朗讯公司以后薪酬和职业发展跟学历工龄的关系越来越淡化，基本上跟员工的职位和业绩挂钩。

二、薪酬政策的考虑因素

朗讯公司在执行薪酬制度时，不仅仅看公司内部的情况，而是将薪酬放到一个系统中考虑。朗讯公司的薪酬政策有两个考虑，一个方面是保持自己的薪酬在市场上有很大的竞争力。为此，朗讯公司每年委托一个专业的薪酬调查公司进行市场调查，以此来了解人才市场的宏观情形。这是大公司在制定薪酬标准时的通常做法。另一个考虑是人力成本因素。综合这些考虑之后，人力资源部会根据市场情况给公司提出一个薪酬的原则性建议，指导所有的劳资工作。人力资源部将各种调查汇总后会告诉业务部门总体的市场情况，在这个情况下每个部门有一个预算，主管在预算允许的情况下对员工的待遇做出调整决定。

三、加薪策略

朗讯公司在加薪时做到对员工尽可能的透明，让每个人知道他加薪的原因。加薪时员工的主管会找员工谈，根据你今年的业绩，你可以加多少薪酬。每年的 12 月 1 日是加薪日，公司加薪的总体方案出台后，人力总监会和各地做薪酬管理的经理进行交流，告诉员工当年薪酬的总体情况，市场调查的结果是什么？今年的变化是什么？加薪的时间进度是什么？公司每年加薪的最主要目的是保证朗讯在人才市场增加一些竞争力。

一方面，我们都知道高薪酬能够留住人才，所以每年的加薪必然也能够留住人才。另一方面是，薪酬不能任意上涨，必须和人才市场的情况挂钩，如果有人因为薪酬问题提出辞职，很多情况下是让他走或者用别的办法留人。

四、薪酬与发展空间

薪酬在任何公司都是一个非常基础的东西。一个企业需要一定竞争能力的薪酬吸引人才来，还需要有一定保证力的薪酬来留住人才。如果和外界的差异过大，员工肯定会到其他地方找机会。薪酬会在中短期时间内调动员工的注意力，但是薪酬不是万能的，工作环境、管理风格、经理和下属的关系都对员工的去留有影响。员工一般会注重长期的打算，公司会以不同的方式告诉员工发展方向，让员工看到自己的发展前景。朗讯公司的员工平均年龄29岁，更多是看到自己的发展。

（资料来源：http://www.tzrl.com/news/72682.html）

分组讨论
1. 朗讯公司薪酬政策考虑了哪些因素？
2. 朗讯公司的薪酬管理给了你哪些方面的启示？

案例9-2　通用电气公司的薪酬制度

通用电气公司的薪酬制度使员工们工作得更快、也更出色。其秘诀是：只奖励那些完成了高难度工作指标的员工。

通用电气公司深谙此道：人们一般不愿意改变自己的行为模式，除非你奖赏他们这样去做。对做出了成绩的人，公司一般采取发奖金或者授予股权的方法，以示表彰。干得好就可以拿奖金！然而，奖励的真正目的应该是鼓励他们在以后更加努力的工作。通用薪酬制度的一个关键原则是，要把薪酬中的一大部分与工作表现直接挂钩。公司要按实际绩效付酬。现在，该你来操作了，请记住以下几项准则，以便更好地开展工作。

准则一：不要把报酬和权力绑在一起。他们认为如果继续把报酬与职位挂钩，就会建立一支愤愤不平的队伍，专家们把这些人称作"POPOS"，意思是"被忽略和被激怒的人（passed over and pissed off）"。而与工作表现挂钩的薪酬制度，可以给员工更多的机会，在不晋升的情况下提高工资级别。通用电气公司还大幅度地增加了可以获得认股权的员工名额，并在尝试实施一项奖励管理人员的计划，鼓励他们更多地了解情况，而不是根据他们管理多少员工或者工作时间而发放奖金。

准则二：让员工们更清楚地理解薪酬制度。公司给员工讲的如果是深奥费解或者模棱两可的语言，员工根本弄不清楚他们的福利待遇的真正价值。公司应当简明易懂地解释各种额外收入。

准则三：大张旗鼓地宣传。通用电气公司认为当你为一位应当受到奖励的人颁奖时，尽可能广泛地传播这个消息。

准则四：不能想给什么就给什么。不妨也试一试不用金钱的激励方法。金钱，只要用得适当，是最好的激励手段，而不用金钱的奖励办法则有着一些行之有效的优点：可以留有回旋余地（见准则五）。撤销把某一员工的基本工资提高6%的决定，要比收回给他的授权或者不再给他参与理想的大项目的机会困难得多。采取非金钱的奖励办法，就没有这样的限制。

准则五：不要凡事都予以奖赏。更多地实行绩效挂钩付酬制度，但当跨国经营时，可根据文化背景的差异来调整这些原则。

（资料来源：http://www.docin.com/P-329389926.html）

分组讨论

1. 通用公司薪酬制度的关键原则是什么？
2. 通用公司薪酬制度的特点是什么？

三、管理实战演练

1. 由于多种原因和考虑，很多企业都不会采用完全公开发放薪酬的方式。于是薪酬发放应该保密就成了当然的选择。然而果真如此吗？分组以"个人薪酬应当公开还是保密？"为辩题模拟一场辩论。

2. 某企业对人力资源管理主管的岗位进行了薪酬市场调查，其调查数据如表9-3所示。从目前看，该企业正处于初创期，企业管理工作的基础十分薄弱，而且财力也不知。那么，人力资源管理主管的岗位工资水平应该如何定位，其月工资水平应为多少？

表9-3　人力资源管理主管薪酬调查数据表　　　　　　　　　单位：元

企业名称	平均月工资
A	3 000
B	1 800
C	2 000
D	2 000
E	2 200
F	2 800
G	2 800
H	2 500
I	3 200
J	2 500
K	3 000

人力资源管理表格

员工工资表

编号	姓名	部门	基本工资			应发金额						加班栏				应发合计(元)	代缴费用			应扣金额						实发工资(元)	签字
			岗位工资(元)	全勤奖(元)	补助(元)	合计(元)	绩效标准			平时加班		假日加班			社保(元)	住房公积金(元)	个税(元)	请假栏		迟到栏		其他扣款(元)	应扣合计(元)		
							绩效标准业务量(元)	比例%	合计(元)	工时(小时)	金额(元)	工时(小时)	金额(元)					天数(天)	扣款(元)	迟到(次)	扣款(元)				
1																									
2																									
3																									
4																									
5																									
6																									
7																									
8																									
9																									
10																									
分栏合计																									

本页共计(大写):( )万( )仟( )佰( )拾( )元( )角( )分

复核: 出纳: 制表:

职员统一薪金等级

等别	职位	起薪	级差	工资级别												等差	每年薪金平均值
				1	2	3	4	5	6	7	8	9	10	11	12		
1	员工/实习员																
2	助理/秘书																
3	主管																
4	技术员/工程师																
5	部门主管																
6	部门经理																
7	总经理																

▶▶ 相关链接

企业制定薪酬制度的五大依据

企业根据什么制定薪酬制度呢？

一、岗位工作的价值

岗位工作的价值，是指企业中每个岗位的工作价值，即每个岗位间的相对重要性，或每个岗位对公司业绩的相对贡献度。此处的工作价值，是一个相对价值，或"可比价值"，是将公平付薪建立在更为宽广的基础上，而不是将报酬公平与否的注意力仅放在相同的职位上。工作的价值，一般是通过工作评估或岗位评估来确定。

二、员工的能力

员工的能力，也是一个相对概念，是指员工具备的工作技能和与工作相关的知识。随着知识经济时代的到来，员工的知识资本对公司业绩的贡献越来越受到关注。企业内部对人力资源开发的重视以及信息化、流程重组带来的组织扁平化，中层管理工作的缩减，管理者的晋升计划减少，在薪酬体系中考虑员工的相对价值，更成为激励员工的切入点。员工的相对价值，通常根据员工的职务达成能力或职责掌握能力来确定，员工的相对价值确定的手段是绩效考核与技能鉴定。

三、相关岗位人力市场需求情况

对企业中不同岗位在当地人力市场的情况，主要是指人力市场上各岗位的薪金水平情况。就目前而言，薪金（主要是基本薪酬）水平直接影响企业招聘计划的有效推行，市场薪金水平是通过薪酬管理调查确定的。

四、当地最低工资标准

当地最低工资标准规定了当地员工维持一定生活水平所需要的生活费。目前，我国许多地方政府都规定了城市居民的最低生活费，企业在考虑生活成本时，可将之作为一个参考。

五、企业人力资源成本

企业人力资源成本,一方面受到人力资本的投入产生的价值、带来的利益的影响,另一方面也决定员工的生产力、公司的资本结构、用于再投资金额、经济状况和竞争能力等。"企业人力资源成本"是很难下定义的,企业人力资源成本到底多强,也是很难测算和富争论性的。因此,"企业人力资源成本"确定的问题,常常需要员工与公司管理层通过协商合作来解决。

(资料来源:http://www.chinahrd.net/article/2013/04-25/25249-1.html)

项目十 实施劳动关系管理和社会保障

知识目标

1. 了解劳动关系管理的概念和社会保障的概念；
2. 熟悉劳动合同的形式和内容；
3. 掌握劳动合同有效要件及劳动合同无效的原因；
4. 掌握劳动合同变更的要求、终止的事由及解除的条件；
5. 掌握社会保障的主要内容。

技能目标

1. 能够判断企业拟定的劳动合同是否有效；
2. 能够掌握企业劳动合同变更的要求、终止的事由及解除的条件。

引导案例

劳动合同只是走形式吗

2015年2月，姜某收到乙公司的录用通知，其中注明了姜某的职位、工作内容、工作地点、入职要求、薪金待遇等。录用通知中明确约定姜某月薪金额及年终奖为一个月的工资。姜某经仔细考虑，回复确认了录用通知。姜某入职后，乙公司与姜某签订了劳动合同，但只写明了月薪标准，未明确年终奖。乙公司解释说劳动合同只是走走形式，以录用通知为准。然而在2015年12月底，乙公司并未向姜某发放年终奖。乙公司解释称现在资金紧张，所有员工均不再享受该待遇，且劳动合同并未明确要给予年终奖，因此，公司不应再支付年终奖。姜某不服，遂向当地劳动争议仲裁委员会提起仲裁申请，要求乙公司向其发放相当于一个月工资的年终奖。

经审理，当地劳动争议仲裁委员会做出裁决：乙方应立即向姜某发放相当于一个月工资的年终奖。

第一讲 劳动关系管理

随着我国经济的快速发展，各类企业的不断增加，企业所有制也随之向多元化转化。劳动关系随着企业所有制多元化的发展而变得日趋复杂化，由于企业经营管理者对于有关法律法规不熟悉，故不能依法办事和处理问题，造成很多劳动争议。劳动关系管理就是通过合法的规范化行为来保障各方权益，协调双方的关系，避免或解决劳动关系中的劳动争议。

一、劳动关系管理的概念

"劳动关系管理"就是指传统的签订合同、解决劳动纠纷等内容。劳动关系管理是对人的管理，对人的管理是一个思想交流的过程，在这一过程中的基础环节是信息传递与交流。通过规范化、制度化的管理，使劳动关系双方（企业与员工）的行为得到规范，权益得到保障，维护稳定和谐的劳动关系，促使企业经营稳定运行。企业劳动关系主要指企业所有者、经营管理者、普通员工和工会组织之间在企业的生产经营活动中形成的各种责、权、利关系；所有者与全体员工的关系；经营管理者与普通员工的关系；经营管理者与工人组织的关系；工人组织与员工的关系。

二、劳动法律关系的要素

（1）劳动关系的主体是：劳动法律关系的参与者，即劳动者、劳动者组织和用人单位。

（2）劳动关系管理的主要内容：企业人力资源管理工作中的员工招收、录用、企业内部人力资源的配置与协调等项事务。

在劳动关系管理中表现为：劳动合同的订立、履行、变更、解除和终止的劳动法律行为。具体来说，就是保障与实现主体双方各自依法享有的权利和承担的义务。

（3）劳动关系的客体是指主体的劳动权力和劳动义务共同指向的事物，例如：劳动时间、劳动报酬、劳动纪律、安全卫生、福利保险、教育培训、劳动环境等。

三、改善劳动关系的途径

（1）依法制定相应的劳动关系管理规章制度，进行法制宣传教育；明确全体员工各自的责、权、利。

（2）培训经营管理人员。提高其业务知识与法律意识，树立良好的管理作风，增强经营管理人员的劳动关系管理意识，掌握相关的原则与技巧。

（3）提高员工的工作生活质量，进行员工职业生涯设计，使其价值观与企业的价值观重合，这是改善劳动关系的根本途径。

（4）员工参与民主管理。企业的重大决策，尤其涉及员工切身利益的决定，在员工的参与下，可以更好地兼顾员工的利益。

（5）发挥工会或职代会及企业党组织的积极作用。通过这些组织协调企业与员工之间的关系，避免矛盾激化。

第二讲 劳动合同

劳动合同是确立劳动关系的法律凭证。在市场经济的条件下，企业成为独立的用人主体，劳动者也有了自主择业的权利，企业和劳动者必须订立劳动合同，从而确定双方的劳动法律关系，明确各自的权利和义务。

一、劳动合同的含义

劳动合同又称劳动契约或劳动协议，是指劳动者与用人单位之间确立劳动关系、明确双方权利和义务的协议。劳动合同是生产资料和劳动力相结合的一种法律形式。通过劳动合同的签订、履行、终止以及变更、解除，调节劳动力的供求关系，既能使劳动者有一定的择业和流动自由，又能制约劳动者在合同期履行劳动义务和完成应尽职责，从而使劳动力有相对的稳定性和合理的流动性。

二、劳动合同的形式与内容

1. 劳动合同的形式

劳动合同的形式，是劳动合同内容赖以确定和存在的方式，即劳动合同当事人双方意思表示一致的外部表现。各国关于劳动合同可以或应当以什么形式存在，都由立法明确规定。

劳动合同形式有口头形式和书面形式之分。各国劳动立法对此做出的选择，可归纳为以下3种模式。

（1）允许一般劳动合同采用口头形式，只要求特定劳动合同采用书面形式。

（2）一般要求劳动合同采用书面形式，但允许在特殊情况下劳动合同采用口头形式。

（3）要求所有劳动合同都采用书面形式。

按照劳动合同的期限，可以分为固定期限劳动合同、无固定期限劳动合同和以完成一定工作任务为期限的劳动合同。

（1）固定期限劳动合同，是指用人单位与劳动者约定合同终止时间的劳动合同。用人单位与劳动者协商一致，可以订立固定期限劳动合同。

(2) 无固定期限劳动合同，是指用人单位与劳动者约定无确定终止时间的劳动合同。用人单位与劳动者协商一致，可以订立无固定期限劳动合同。有下列情形之一，劳动者提出或者同意续订、订立劳动合同的，除劳动者提出订立固定期限劳动合同外，应当订立无固定期限劳动合同：① 劳动者在该用人单位连续工作满十年的；② 用人单位初次实行劳动合同制度或者国有企业改制重新订立劳动合同时，劳动者在该用人单位连续工作满十年且距法定退休年龄不足十年的；③ 用人单位自用工之日起满一年不与劳动者订立书面劳动合同的，视为用人单位与劳动者已订立无固定期限劳动合同。

(3) 以完成一定工作任务为期限的劳动合同，是指用人单位与劳动者约定以某项工作的完成为合同期限的劳动合同。用人单位与劳动者协商一致，可以订立以完成一定工作任务为期限的劳动合同。

2. 劳动合同的内容

劳动合同的内容，即劳动合同条款，它作为劳动者与用人单位合意的对象和结果，将劳动关系当事人双方的权利和义务具体化。在各国关于劳动合同内容的立法中，主要就内容构成和若干重要条款做出规定。根据各国劳动法规定，劳动合同内容由法定条款和约定条款构成。

(1) 劳动合同法定条款。劳动合同法定条款是依据法律规定劳动合同当事人必须遵守的条款，不具备法定条款，劳动合同不能成立。法定条款主要包括如下几项。① 劳动合同期限。劳动合同期限可以分为固定期限劳动合同、无固定期限劳动合同和以完成一定工作任务为期限的劳动合同三种。② 工作内容。工作内容是劳动者应当为用人单位提供的劳动，包括工种和岗位、工作地点和场所。关于工作的数量、质量标准可以做出原则性规定。③ 劳动保护和劳动条件。劳动保护是用人单位为保障劳动者在劳动过程中的安全和健康，防止工伤事故和职业病的发生，所应采取的技术措施和组织措施。劳动条件是为完成工作任务应由用人单位提供的、不低于国家规定标准的必要条件。④ 劳动报酬。劳动报酬是用人单位根据劳动者劳动的数量和质量，以货币形式支付给劳动者的工资。工资标准不得低于当地最低工资标准，同时也不得低于本单位集体合同规定的最低工资标准。⑤ 社会保险。社会保险是国家通过立法建立的、对符合法定条件的劳动者在其生育、养老、疾病、死亡、伤残、失业以及发生其他生活困难时给予物质帮助的制度。此项条款应明确双方当事人各自的社会保险缴费项目、缴费标准和缴费办法等。⑥ 劳动纪律。⑦ 劳动合同终止条件。劳动合同终止的条件是导致或引起合同关系消灭的原因，包括法定终止条件和约定终止条件。⑧ 违反劳动合同的责任。劳动合同应该明确约定一方当事人违反劳动合同的规定给对方造成损失时，应承担的法律后果。

(2) 劳动合同约定条款。劳动合同约定条款是劳动合同双方当事人根据需要在协商一致的基础上，确定其他补充条款。约定条款的内容只要是合法，就对当事人具有法律约束力。常见的约定条款主要包括以下几项。① 试用期限。劳动合同期限三个月以上不满一年的，试用期不得超过一个月；劳动合同期限一年以上不满三年的，试用期不得超过两个月；三年以上固定期限和无固定期限的劳动合同，试用期不得超过六个月。劳动合同期限不满三个月的，不得约定试用期。② 保守商业秘密条款。用人单位与劳动者可以在劳动合同中约定保守用人单位的商业秘密和与知识产权相关的保密事项。③ 培训。用人单位为劳动者提供专项培训费用，对其进行专业技术培训的，可以与该劳动者订立协议，约定服务期。④ 补充保险和福利待遇。劳动合同双方协商确定补充养老、医疗等商业保险和其他福利待遇。⑤ 竞业禁止约定。用人单位可以在劳动合同或者保密协议中与劳动者约定竞业限制条款。竞业限制的人员限于用人单位的高级管理人员、高级技术人员和其他负有保密义务的人员。竞业限制的范围、地域、期限由用人单位与劳动者约定，竞业限制的约定不得违反法律、法规的规定。⑥ 变更和解除合同约定。劳动合同当事人可以在法定变更、解除条件之外约定变更、解除条件。⑦ 当事人协商约定的其他事项。

三、劳动合同的订立

劳动合作的订立包括招收录用和具体签订劳动合作两个阶段。

（1）招收录用阶段，是确定劳动合同双方当事人的程序。用人单位招用劳动者时，应当如实告知劳动者工作内容、工作条件、工作地点、职业危害、安全生产状况、劳动报酬，以及劳动者要求了解的其他情况；用人单位有权了解劳动者与劳动合同直接相关的基本情况，劳动者应当如实说明。用人单位招用劳动者，不得扣押劳动者的居民身份证和其他证件，不得要求劳动者提供担保或者以其他名义向劳动者收取财物。

（2）具体签订劳动合同阶段，是劳动合同双方当事人通过平等协商对劳动合同内容达成一致意见并在劳动合同文本上签字或盖章的过程。用人单位自用工之日起即与劳动者建立劳动关系。用人单位应当建立职工名册备查。劳动合同双方一旦建立劳动关系，应当订立书面劳动合同。已建立劳动关系，未同时订立书面劳动合同的，应当自用工之日起一个月内订立书面劳动合同。用人单位未在用工的同时订立书面劳动合同，与劳动者约定的劳动报酬不明确的，新招用的劳动者的劳动报酬按照集体合同规定的标准执行；没有集体合同或者集体合同未规定的，实行同工同酬。

劳动合同由用人单位与劳动者协商一致，并经用人单位与劳动者在劳动合同文本上签字或者盖章生效。劳动合同文本由用人单位和劳动者各执一份。

四、劳动合同的法律效力

1. 劳动合同的有效

劳动合同依法成立，从合同成立之日或者合同约定生效之日起就具有法律效力，即在双方当事人之间形成劳动法律关系，对双方当事人产生法律约束力。其具体表现主要有以下几种。

（1）当事人双方必须亲自全面履行合同所规定的义务。

（2）合同的变更和解除都必须遵循法定的条件和程序，任何一方当事人都不得擅自变更和解除合同。

（3）当事人违反合同必须依法承担违约责任。

（4）当事人双方在合同履行过程中发生争议，必须以法定方式处理。

2．劳动合同的无效

劳动合同无效，是指劳动合同由于缺少有效要件而全部或部分不具有法律效力。其中，全部无效的劳动合同，它所确立的劳动关系应予以消灭；部分无效的劳动合同，它所确立的劳动关系可依法存续，只是部分合同条款无效，如果不影响其余部分的效力，其余部分仍然有效。

根据规定和合同原理，可将劳动合同无效的原因归纳为下述几种。

（1）合同主体不合法，即劳动者不具有劳动权利能力和劳动行为能力，或者用人单位不具有用人权利能力和用人行为能力。

（2）合同内容不合法，即合同缺少法定必要条款，或者合同条款违法。

（3）合同形式不合法，即要式合同未采用法定的书面形式或标准形式。

（4）制定程序不完备，即制定合同未履行法定必要程序。

（5）意思表示不真实，即制定合同过程中，由于欺诈、威胁、乘人之危、重大误解等而导致当事人的意思表示不真实。

五、劳动合同的变更、终止和解除

（一）劳动合同的变更

劳动合同的变更，是指合同当事人双方或单方依法修改或补充劳动合同内容的法律行为。它发生于劳动合同生效后尚未履行或尚未完全履行期间，是对劳动合同所约定的权利和义务的完善和发展，是确保劳动合同全面履行和劳动过程顺利实现的重要手段。

劳动合同变更的对象，只限于劳动合同中的部分条款。它应当符合下述要求。

（1）是尚未履行或者尚未完全履行的有效条款。已履行完毕的条款再无变更的必要和可能；而无效的条款应予取消，不应适用变更。

（2）是依法可予变更的条款。换言之，依法不应作为变更对象的条款，如合同当事人条款、合同期限条款等，不得进行变更。

（3）是引起合同变更的原因所指向的条款。合同变更由于法定或约定的原因不同，所应变更的条款也就有所差异。凡是与合同变更的原因无关的条款，就不必予以变更。也就是说，只有在制定劳动合同所依据的主客观条件发生变化，致使劳动合同中一定条款的履行成为不可能或不必要的情况下，劳动合同才可变更。

（二）劳动合同的终止

劳动合同的终止，是指劳动合同的法律效力依法被消灭，亦即劳动合同所确立的劳动关系由于一定法律事实的出现而终结，劳动者与用人单位之间原有的权利和义务不复存在。

根据各国立法关于劳动合同终止的规定，能够引起劳动合同终止的事由，主要有下述几种。

（1）合同期限届满。定期劳动合同在其有效期限届满时，除依法续订合同和其他依法可延期的情况外，即行终止。

（2）约定终止条件成立。劳动合同或集体合同约定的合同终止条件实际成立，劳动合同即行终止。

（3）合同目的实现。以完成一定工作（工程）为期的劳动合同在其约定工作（工程）完成之时，其他劳动合同在其约定的条款全面履行完毕之时，因合同目的已实现而当然终止。

（4）当事人死亡。劳动者死亡，其劳动合同即终止。作为用人主体的业主死亡，劳动合同可以终止；如死者的继承人依法继续从事死者生前的营业，劳动合同一般可继续存在。

（5）劳动者退休。劳动者因达到退休年龄或完全丧失劳动能力而办理退休手续，其劳动合同即告终止。

（6）用人单位消灭。用人单位依法被宣告破产、解散、关闭或撤销，其劳动合同随之终止。

（7）合同解除。劳动合同因依法解除而终止。

（三）劳动合同的解除

1. 劳动合同解除的含义

劳动合同解除是指劳动合同生效以后，尚未全部履行以前，当事人一方或双方依法提前消灭劳动关系的法律行为。

2. 劳动合同的解除条件

按实体、程序的规定，以引起劳动法律关系消灭的行为为依据，可将劳动合同的解除分为双方协商解除和单方依法解除两大类。

双方协商解除是指劳动合同的双方当事人经协商达成一致，从而解除劳动合同。作为一种双方行为，即无论是劳动者首先提出解除还是用人单位首先提出解除，只有对方同意，双方达成一致意见，方可解除劳动合同。法律将双方当事人的合意规定为解除劳动合同的条件。由于解除条件较严格，解除程序上没有限制性规定。

单方依法解除是指劳动合同的一方当事人，不需对方同意，单方面行使劳动合同解除权。这是劳动合同的当事人依法以单方的意思解除劳动合同。按权利主体分类，可以分为用人单位解除劳动合同和劳动者解除劳动合同。

3. 劳动合同解除的程序

劳动合同解除的程序，因解除的方式、条件等差异而有所不同，一般包括下述各项。

（1）辞退通知前的环节。许多国家在立法中要求，用人单位在发出辞退通知以前，必须经过特定的环节。其中主要有以下几种。

① 批评教育、纪律处分或辞退警告无效。有的国家规定，用人单位对于因违纪（违章）违法应予辞退的员工，必须针对其违纪（违章）违法行为进行批评教育或纪律处分，经此仍然无效的，才可辞退。有的国家则要求实行辞退前的警告，例如，德国规定，解雇渎职或无能的员工，应先行警告；巴林规定，因严重缺勤而被解雇者，应先经雇主书面警告。

② 征求工会、劳资协商机构或员工方的意见或同意。有的国家规定，用人单位辞退员工，一般应当向本单位工会征求意见；如果裁员，应当提前30日向本单位工会或全体员工说明情况并提供有关生产经营状况的资料，还应当将裁员方案征求工会或全体员工意见并对方案进行修改和完善。

③ 报经主管机关审核或批准。我国规定，裁员应当事先向劳动行政部门报告裁员方案以及工会或全体员工意见，并听取劳动行政部门的意见。法国规定，除非在破产清理期间，任何解雇都必须经有法定资格的行政当局批准。委内瑞拉规定，裁员须向三方委员会申请批准。

（2）解约的协议或通知。劳动合同的协议解除，应当由合同当事人双方就合同解除的日期和法律后果，依法签订书面协议。

劳动合同的单方解除，应当由用人单位或劳动者提前或即时以书面形式将解除劳动合同的决定通知对方，在裁员时，这种通知的形式为正式公布裁员方案。其中，提前通知的期间（即预告期间）一般由立法规定，有的国家还要求用人单位在此期间应当给予劳动者法定的求职假，供其寻找重新就业的机会。

就预告辞退而言，立法规定预告期的意图在于让被辞退者在失业来临前有一段预先求职的时间。因而，在实践中允许用人单位以向被辞退者支付与预告期间劳动报酬额相等的补偿的方式取代预告期，即用人单位在支付此项补偿费的前提下即可辞退劳动者。用人单位之所以愿意如此，其动机在于尽可能避免预告期间被辞退者在劳动过程中实施不利于用人单位的行为。

（3）解约协议或通知后的环节。在劳动合同当事人就劳动合同解除签订协议或发出通知以后，依法还必须或可能经过特定环节。其中主要是：

① 工会干预。有的国家规定，工会认为辞退不适当的，有权提出意见，用人单位对工会意见应当认真研究；如果辞退违法或违约，工会有权要求用人单位重新处理。

② 争议处理。因劳动合同解除发生争议的，应当依法遵循调解、仲裁、诉讼的程序处理。

③ 备案。

第三讲 社会保障

社会保障制度是现代国家的一项基本制度，社会保障制度是否完善已经成为社会文明进步的重要标志之一。在我国，社会保障工作直接关系到坚持党的全心全意为人民服务的宗旨，关系到维护人民群众的切身利益，关系到保证改革开放和经济建设稳定发展的大局。社会保障体系是否健全，这方面的法制是否完备，对国家的经济发展和社会稳定，会产生直接的影响。

一、社会保障的概念

社会保障是指国家通过立法，积极动员社会各方面资源，保证无收入、低收入以及遭受各种意外灾害的公民能够维持生存，保障劳动者在年老、失业、患病、工伤、生育时的基本生活不受影响，同时根据经济和社会发展状况，逐步增进公共福利水平，提高国民生活质量。

社会保障作为一种国民收入再分配形式是通过一定的制度实现的。我们将由法律规定的、按照某种确定规则经常实施的社会保障政策和措施体系称为社会保障制度。由于各国的国情和历史条件不同，在不同的国家和不同的历史时期，社会保障制度的具体内容不尽一致。但有一点是共同的，那就是为满足社会成员的多层次需要，相应安排多层次的保障项目。

早期的社会保障和社会保险在概念和内涵上划分不很严谨，通常用社会保险代替社会保障，这是源于最初的社会保障具有社会救济的性质，救济对象主要是一些贫困者和失业者。西方一些国家实行多方位的社会福利政策，社会保障体系日益庞大，福利色彩浓厚。特定国家社会保险的范围和水平与国家经济实力和政府福利政策密切相关，从发展趋势看，尽管发达国家的社会保障水平明显高于发展中国家，但是淡化高福利色彩，减轻政府开支，强化企业和个人保险意识是各国社会保障系统共同的改革目标和发展方向。

二、社会保障的主要内容

社会保障主要包括社会保险、社会救济、社会福利、社会优抚和社会互助等内容。其中，社会保险是社会保障的核心内容。

（一）社会保险

社会保险是指国家通过立法，多渠道筹集资金，对劳动者在因年老、失业、患病、工伤、生育而减少劳动收入时给予经济补偿，使他们能够享有基本生活保障的一项社会保障制度。社会保险具有强制性、共济性和普遍性等特征，主要包括养老保险、失业保险、医疗保险、工伤保险和生育保险等项目。社会保险的保障对象主要是全体劳动者，目的是保障基本生活，具有补偿收入减少的性质。社会保险的资金来源主要是用人单位和劳动者本人，政府给予资助并承担最终责任。社会保险实行权利和义务相对应原则，劳动者只有履行了缴费义务，才能获得相应的收入补偿权利。

（二）社会救济

社会救济是指国家和社会对因各种原因无法维持最低生活水平的公民给予无偿救

助的一项社会保障制度。救助的对象有三类：一是无依无靠、没有劳动能力，又没有生活来源的人，主要包括孤儿、残疾人以及没有参加社会保险且无子女的老人；二是有收入来源，但生活水平低于法定最低标准的人；三是有劳动能力、有收入来源，但由于意外的自然灾害或社会灾害，而使生活一时无法维持的人。社会救济是基础的、最低层次的社会保障，其目的是保障公民享有最低生活水平，给付标准低于社会保险。社会救济的经费来源主要是政府财政支出和社会捐赠。

（三）社会福利

广义的社会福利是指政府为全体社会成员创建有助于提高生活质量的物质和文化环境，提供各种社会性津贴、公共基础设施和社会服务，以不断增进国民整体福利水平主要包括各种文化教育、公共卫生、公共娱乐、市政建设、家庭补充津贴、教育津贴、住宅津贴等。

（四）社会优抚

社会优抚是指政府和社会对军人等从事特殊工作的人员及其家属予以优待、抚恤和妥善安置。主要包括向烈属、军属、复员退伍军人、残废军人提供抚恤金、优待金、补助金；举办荣誉军人疗养院、光荣院；安置复员退伍军人；为军队离退休干部提供服务等。社会优抚是一种特殊的社会保障，其目的在于安定军心，维护国家安全，促进社会稳定。

（五）社会互助

社会互助是指在政府鼓励和支持下，社会团体和社会成员自愿组织和参与的扶弱济困活动。社会互助具有自愿和非营利的特征，其资金主要来源于社会捐赠和成员自愿交费，政府往往从税收等方面给予支持。社会互助主要形式包括：工会、妇联等群众团体组织的群众性互助互济；民间公益事业团体组织的慈善救助；城乡居民自发组成的各种形式的互助组织等。

三、社会保障管理体制

（一）社会保障管理体制的构成

社会保障管理体制是指社会保障管理的制度，管理机构的设置，各机构的职责范围的划分及各机构之间的分工和协作、依存和制约关系的确定，中央和地方、各级社会保障管理机构之间、社会职位机构与有关部门之间、投保单位与受保对象之间在职责权限、权利义务等方面的有关制度，以及社会保障管理的形式、方式和方法的总和。合理构建社会保障管理体制的基本结构与内容，应注意以下几方面：

（1）统一决策管理与分工实施管理；

（2）中央集中管理与地方分级管理；

（3）社会管理与单位管理；

（4）专业化管理与群众管理。

(二) 完善社会保障管理体制的基本原则

建立一个完善的社会保障管理体制，使社会保障的管理运行始终通畅、规范，是我们努力追求的目标。在社会保障管理实践中，要达到这一目标，就必须根据客观规律和现实要求，坚持和遵循以下基本原则。

1. 一体化原则

一体化原则就是将社会保障体系中的社会保险、社会救济、社会福利、社会优抚、社会互助和个人储蓄等六个子系统实行相对集中而又统一的管理，纠正"多头管理、各自为政"的局面。同时，根据社会保障体系的总体要求，使政策制定、资金使用、监督管理三位一体。

2. 社会化原则

社会化原则就是社会保障管理部门根据相关法律和规章，在全社会范围内筹集资金，实施以社会保障为项目和对象的管理。强调社会化原则主要是为了避免在社会保障管理中过分企业化和政府行政化的倾向。同时，对社会保障管理体制实行社会化原则也是现代社会大生产和市场经济发展的客观要求。

3. 法制化原则

法制化原则就是社会保障管理工作必须全面受到法规的约束，以法规为先导，以法规来规范管理行为，并以法规作为处理各种关系的准绳。在立法上，强调中央立法与地方立法结合，社会保障总体立法与分项立法并行；在执法上，强调在相互依托彼此促进的法制网络下，认真按照法律程序和法律要求办事，对违法违规的行为依法处置。

4. 科学化原则

科学化原则就是社会保障管理部门的职责和权限必须科学划分、层次分明，特别是对以下3个方面应分开管理：① 执资分开，即管理部门不直接介入资金运作；② 执政分开，即管理部门只执行政策不制定政策；③ 执监分开，即管理部门要接受独立的监察机构监察和社会监督，而不仅仅是自我监督。

(三) 社会保障管理机构的设置

社会保障管理机构，是社会保障事业的实施、执行和操作部门，也是社会保障管理体制模式的外在表现。也就是说，社会保障管理体制的模式只有通过社会保障管理机构的个体设置才能得以实际运行。同时，管理机构的设置又会对整个社会保障管理体制目标的实现产生较大影响。因此，管理机构的设置是否合理，是决定社会保障的管理工作能否正常运行，是否协调高效的关键之一。

1. 决策协调机构

这一层次的管理机构一般由政府权威机构充任，主要担当向立法机构提供依据，协助制定社会保障的有关法律，并根据法律导向制定有关政策、制度和发展规划，以及对重大问题进行决策和预算的审议。同时，还负有对社会保障各项目管理部门的协调重任。

2. 业务执行机构

这一层次的管理机构可根据不同的体制模式，由政府职能部门或事业单位及社团组织充任。它实际是执行国家社会保障方针、政策的综合职能部门，通常都要接受中央主管部门和当地政策的双重领导，并且负责执行政策法规、落实实施方案，以及具体经办社会保障各项目的费用的征集、核算和发放等工作。

3. 资金运作机构

这一层次的管理机构可由社会保障基金会独立运作，也可委托专设的基金公司。它的主要职能是通过对社会保障基金的统一运作和保值增值，保证社会保障资金的需求。它与业务执行机构关系密切但同处平行关系，根据社会保障管理体制的发展需要，可分别设置从中央到地方的资金运作机构。

4. 监察监督机构

这一层次的管理机构应由中央或地方政府领导下的社会保障监督委员会担当，主要行使对社会保障各项政策、法规的执行情况，以及社会保障各项目基金的收支、营运和管理的监督权。监察监督机构的组成人员应包括政府部门负责人、社会贤达人士、公众代表和专家。此外，监察监督机构还上连立法机构的法律监察，下通广大民众的社会监督，通过多种途径（包括审计在内），使得社会保障工作在国家既定方针政策的轨道上健康发展。

（四）社会保障管理体制的类型

一个国家的社会保障管理体制，往往由于不同的历史背景、社会制度和经济发展水平等因素而存在一定的差异，因此国际上社会保障管理体制的类型较多。经过总结归纳，我们把国际上比较典型的社会保障管理体制大致划分为以下4种类型。

1. 集中统一型

这种类型的社会保障管理体制的主要特征是在整个国家或地区只建立一个社会保障机构，统一管理有关的各项目的事务，并通过统一征集税收（目的税），以保证社会保障的各项支出。例如，英国的社会保障部，就集中统一管理几乎所有社会保障事务，除下属六个委员会和两个管理中心办公室外，在全国各地还普设分支机构，而每个分支机构下又有多个福利办公室。因此，整个管理系统十分庞大。

2. 统分结合型

这种类型的社会保障管理体制的主要特征是立法、政策、资金和监督四种职能实行统一管理，而具体的社会保障各项目管理则分别由各职能部门分工管理。例如，法国的社会保障管理体制实行了统一立法、统一资金征集管理、统一实行监督，但社会保障各项目的具体管理事务则主要由社会保险局和社会事务局等机构分工管理。前者负责医疗、年金等社会保障工作，而后者主要负责残疾人、老人、儿童等的社会福利工作。此外，还有些特殊性质的项目，如失业保险的管理则由国家劳动部承担。

3. 分头自治型

这种类型的社会保障管理体制的主要特征是在统一立法和统一监督下，对各种社会保障项目实行分头自治管理，相互独立，互不融通。例如，德国就属于这种类型，医疗保险、年金、战争被害者的援助等工作由劳动社会部自治管理；医疗、保健、食品卫生、医药和社会福利则由青少年、家庭、妇女保健部实行自治管理。

4. 市场运作型

这种类型的社会保障管理体制的主要特征是政府部门只作一般监督和政策规划，而社会保障的具体事务，都转与民间部门根据立法参与运作和承办。例如，智利的政府社会保障部门只管制定政策和发展规划，具体业务和基金运营则都由包括私营保险公司在内的民间机构承担，政府对基金运营过程实行动态监督。

四、完善我国社会保障管理体制的措施

（一）加强政府的统一管理

政府应加强对全国社会保障事业的综合规划、统一管理和统一协调，有力地进行宏观调控，统筹全国的社会保障事务。为加强政府的统一管理，必须把社会保障同劳动工作密切结合起来，以利于发挥社会保障的保障生活、促进生产、稳定社会的重要作用。社会保障的核心是社会保险，各个保险项目都是同劳动问题紧密结合在一起的。

（二）加强社会化管理服务

为了不断提高社会保障管理的社会化程度，一方面要积极创造条件，逐步建立起社会化管理服务体系，使退休和失业人员脱离原单位，由社会保障业务管理机构集中管理，以革除企业办社会的弊病；另一方面，有些无须实行社会化管理的保障项目和保障对象，要以依托单位进行管理。

（三）加快社会保障立法建设，依法实施管理

为了实现社会保障管理法制化，必须尽快改变社会保障立法进展缓慢的局面，把在改革中已经确认的各项社会保障活动的准则用法律形式迅速固定下来，巩固社会保障制度改革的成果，为社会保障管理提供法律保证。

（四）充分发挥基层组织在社会保障管理中的作用

基层组织是指城乡基层政权机构和基层群众自治组织，前者包括乡政府、城市街道办事处，后者包括村民委员会、居民委员会。基层组织最密切、最广泛地联系着广大人民群众，具有极广泛的群众性和社会性。社会保障管理工作的社会性、服务性、群众性决定了必须发挥基层组织的作用。

（五）加强财政在社会保障管理中的作用

因为国家是社会保障的举办及组织实施的主体，国家财政在社会保障中具有极其重要的地位，因此，在我国社会保障制度的改革与完善过程中，国家财政应进一步发挥其筹集和管理基金的作用。加强国家财政对社会保障的管理应注意把握以下三个方面：① 开征社会保障税，强化社会保险费的征集；② 建立和完善社会保障预算管理和

建立社会保障财务制度；③加强国家对社会保障基金筹集、储存、运营和分配使用的管理和监督。

知识检验

1. 劳动关系管理的主要内容是什么？
2. 简述劳动合同制定的程序。
3. 简述劳动合同有效要件及劳动合同无效的原因。
4. 根据各国立法关于劳动合同终止的规定，能够引起劳动合同终止的事由，主要有哪几种？
5. 社会保障主要包括哪些主要内容？

管理技能转化

一、实际应用分析题

1. 李某2010年被甲公司雇用，并与公司签订了劳动合同，其工作岗位是在产生大量粉尘的生产车间。李某上班后，要求发给劳动保护用品，但被公司以资金短缺为由拒绝。李某于2016年年初生病住院。2016年3月，经承担职业病鉴定的医疗卫生机构诊断，李某被确诊患有尘肺病。出院时，职业病鉴定机构提出李某不应再从事原岗位工作。李某返回公司后，要求调到无粉尘环境的岗位工作，并对其尘肺病进行疗养和治疗。但公司3个月后仍没有为其更换工作岗位，也未对其病进行治疗。当李某再次催促公司领导调动工作岗位时，公司以各岗位满员、不好安排别的工作为由，让其继续从事原工作。李某无奈，向当地劳动争议仲裁委员会提出申诉，要求用人单位为其更换工作岗位，对其尘肺病进行疗养和治疗，并承担治疗和疗养的费用。本案例甲公司的做法违背了哪些劳动法律法规？应该如何正确解决？

2. 某公司管理阶层有名员工，合同3年，试用期3个月。公司合同规定转正后补缴试用期3个月的社保。到了转正日期后，公司发现该员工试用期3个月的社保以个人缴纳的名义已经缴纳。请问这种情况公司应给予怎样的补偿？是否可以把试用期3个月公司应承担的社保以现金的方式补给员工？

二、管理问题诊断与分析

案例10-1　深度近视　胞妹顶替

2016年3月某印刷厂招收激光照排车间工人，待业人员王某前去应聘。王某基本条件符合招聘要求，但因深度近视眼，遂让其相貌近似的亲妹妹顶替体检，其妹左右眼视力分别为1.5和1.0，符合招聘条件。王某被招聘后，即与印刷厂签订劳动合同，合同试用期为2个月。

王某上岗后，该厂发现其在工作中屡出差错，并发现误差源于视力不好，便对王某的视力进行复查，王某的实际视力仅为0.3和0.4，远远低于岗位要求。2016年6月，经调查王某承认让其胞妹顶替的事实。

2016年7月，印刷厂提出与王某解除劳动合同，王某不同意并向当地劳动争议仲裁委员会提请仲裁。王某诉称："在应聘上确有弄虚作假，但入厂后工作勤奋，虽不适合照排工作但仍可胜任其他工作。原订劳动合同有效且该劳动合同规定的试用期已过，双方可以变更合同继续履行。"

（资料来源：http://www.docin.com/p-509613298.html）

分组讨论

1. 该劳动合同是否有效？为什么？
2. 用人单位解除劳动合同的条件是什么？印刷厂解除与王某的劳动合同有无法律根据？
3. 王某提出的变更劳动合同的要求有无法律依据？
4. 本案应如何处理？

案例10-2　公司培训员工的尴尬

李里与大地发展公司经平等自愿、协商一致，于2000年8月签订了5年期劳动合同，劳动合同应于2005年7月30日到期，工作岗位是公司销售统计。李里工作表现出色，2001年9月1日公司决定送李里到某统计学校培训，以提高技能。培训前，公司与李里签订培训协议作为劳动合同的附件，主要内容为2 000元培训费用由公司承担；培训期间李里的工资照发；6个月培训结束后，李里应为公司服务到劳动合同到期；若由李里提出解除劳动合同，每提前1年，赔偿公司损失1 800元，不足1年的，按1年计算；若由公司提出解除劳动合同，则无须承担此项义务。培训结束后，李里仍在原岗位从事统计工作。2002年4月1日，李里以本岗位工作不能充分发挥自己的才能为由向公司书面提出辞职。公司接到李里的辞职报告后，人力资源部经理专门与李里谈话，明确表示公司拒绝其辞职申请，劝其在公司安心工作；并表示，根据公司内部薪资制度，下半年的适当时间将会给其提薪。同年五一节休假后，李里不再到公司上班。公司通过电话、书信等形式与李里联系，催其履行劳动合同的义务，被拒绝。该公司遂于2002年5月8日申诉到劳动争议仲裁委员会，请求仲裁机构维护公司的利益。

（资料来源：企业人力资源师考试四级试题）

分组讨论

请对上述案例提出分析意见。

三、管理实战演练

1. 指出××科技有限责任公司劳动合同书的不足之处。

××科技有限责任公司

劳动合同书

甲方：××科技有限责任公司
地址：北京经济开发区××号××层××室
乙方：×××
住址：北京市西城区××街道××号

根据《中华人民共和国劳动法》，经甲乙双方平等协商同意，自愿签订本合同，共同遵守本合同所列条款。

一、劳动合同期限

第一条 本合同生效日期_____年_____月_____日，终止日期_____年_____月_____日，其中不含试用期_____天。

二、工作内容与义务

第二条 乙方同意根据甲方工作需要，担任_____工作。甲方依照公司有关规定，经与乙方协商，对乙方的工作职务和岗位有权进行调整。

第三条 乙方应按照甲方的要求，按时完成规定的工作数量，达到规定的质量标准，并履行下列义务：

1. 遵守国家宪法、法律、法规；
2. 遵守甲方的规章制度、认同公司的企业文化及执行员工守则。

三、劳动保护和劳动条件

第四条 每周工作六天，每天工作7.5个小时；甲方要求乙方加班，则给予乙方发加班费或执行倒休。

第五条 甲方为乙方提供必要的劳动场所和劳动工具，制定工作规范和劳动安全卫生制度及其标准。

四、劳动纪律

第六条 乙方应遵守甲方依法规定的规章制度；严格遵守劳动安全卫生工作制度和规范，爱护甲方的财产，遵守职业道德；积极参加甲方组织的培训。

第七条 乙方违反劳动纪律，甲方根据本单位的规章制度，给予必要的纪律处分，直至解除本合同。

五、劳动合同的解除与终止

第八条 经甲乙双方协商一致，本合同可以解除。

第九条 乙方有下列情形之一，甲方可以解除本合同：

1. 在试用期间，不符合录用条件的；
2. 以欺诈手段订立本合同的；

3. 严重违反劳动纪律或严重失职、营私舞弊对公司利益造成重大损害的；
4. 未经允许在本企业以外的其他单位兼职的。

第十条 有下列情形之一，乙方可以随时通知甲方解除本合同：
1. 在试用期内的；
2. 甲方以侵害乙方合法人身权利手段强迫劳动的；
3. 甲方不能按照本合同规定支付劳动报酬或者提供劳动条件的；
4. 甲方违反国家有关规定劳动安全卫生条件恶劣，严重危害乙方身体健康的。

第十一条 本合同期限届满，劳动关系即止。甲乙双方经协商同意，可以续订劳动合同。双方当事人应当在本合同期满前一周向对方表示续订意向。

六、违反劳动合同的责任

第十二条 乙方有下列情况的，甲方有权要求乙方支付赔偿金，并保留通过法律形式处理的权力：
1. 以欺诈手段订立本合同的；
2. 严重违反劳动纪律或对公司利益造成重大损害的；
3. 严重失职、营私舞弊，泄露甲方商业秘密，给公司造成严重损失的。

第十三条 乙方违反本合同规定条件解除劳动合同或者违反本合同约定的保密事项，给甲方造成经济损失的，应按本合同约定或损失数额承担赔偿责任。

第十四条 乙方违反本合同规定条件解除劳动合同的，应承担相应的经济赔偿。如果乙方经甲方同意在境内外培训或出境实习后，为甲方工作未达到甲乙双方签订的培训协议书之规定期限，乙方应赔偿甲方有关的费用。

七、双方约定的其他事项

第十五条 甲方的工资分配遵循按劳分配原则，实行同工同酬；每月 1 日向乙方支付上月工资，数额不低于本市最低工资标准。

_____

_____

八、劳动争议处理

第十六条 甲方制定的规章制度对合同当事人双方具有同等约束力。

第十七条 本合同未尽事宜或发生劳动争议，甲乙双方应本着友好的态度协商解决。

第十八条 协商没有效果，甲乙双方可在各自所在区域的法院或劳动仲裁机构提起申诉，请求裁决。

第十九条 本合同一式两份，甲乙双方各执一份。合同自乙方签订之日起生效，具有同等法律效力。

（如有劳动争议应在企业注册所在区起诉。首先是向劳动仲裁机构申诉，不服劳动仲裁机构的裁决时，向该区初级法院起诉；如不服初级法院的裁决时，可向市级中级人民法院起诉；中级人民法院为终审判决。劳动合同在甲乙双方签字后方可生效。)

甲方（签字）：　　　　　　　　　　乙方（签字）：

签字日期：　　年　　月　　日　　　签字日期：　　年　　月　　日

2. 分组调查当地某企业社会保障内容，并用PPT进行汇报。

人力资源管理表格

试用保证书

兹同意下列条件：

1. 试用期间：自　　年　　月　　日至　　年　　月　　日止计3个月。
2. 工作单位：在_____担任职务。
3. 工作时间：每日工作____小时，如需加班，不得以任何不当理由拒绝。
4. 薪资：依照双方协议，月支人民币_____元，按实际工作日计算，凡缺勤或请假均不给薪资。
5. 试用：试用期应遵守公司管理规则，若任何一方对其职不满，则可随时终止试用，均无异议。

公司：

立担保书人：

年　　月　　日

试用合同书

甲方：

乙方：　　　　（身份证号：　　　　　　　）

根据国家和本地劳动管理规定和本公司员工聘用办法，按照甲方关于公司新进各类人员均需试用的精神，双方在平等、自愿的基础上，经协商一致同意签订本试用合同。

一、试用合同期限：

自___年___月___日至___年___月___日，有效期为___个月。

二、试用岗位根据甲方的工作安排，聘请乙方在_____工作岗位。

三、试用岗位根据双方事先之约定，甲方聘用乙方的月薪为_____元，该项报酬包括所有补贴在内。

四、甲方的基本权利与义务

1. 甲方的权利

- 有权要求乙方遵守国家法律和公司各项规章制度；
- 有权对乙方违法乱纪和违反公司规定的行为进行处罚；
- 对试用员工不能胜任工作或不符合录用条件，有权提前解除本合同。

2. 甲方的义务

- 为乙方创造良好的工作环境和条件；
- 按本合同支付给乙方薪金；
- 对试用期乙方因工伤亡，由甲方负担赔偿。

五、乙方的基本权利和义务

1. 乙方的权利

- 享有国家法律法规赋予的一切公民权利；
- 享有当地政府规定的就业保障的权利；
- 享有公司规章制度规定可以享有的福利待遇的权利；
- 对试用状况不满意，请求辞职的权利。

2. 乙方的义务

- 遵守国家法律法规、当地政府规定的公民义务；
- 遵守公司各项规章制度、员工手册、行为规范的义务；
- 维护公司的声誉、利益的义务。

六、甲方的其他权利、义务

- 试用期满，经发现乙方不符合录用条件，甲方有权不再签订正式劳动合同；
- 对员工有突出表现，甲方可提前结束试用，与乙方签订正式劳动合同；
- 试用期乙方的医疗费用由甲方承担90%，乙方承担10%；
- 试用期甲方一般不为乙方办理各项保险手续，如乙方被正式录用，可补办有关险种，从试用期起算；
- 试用期，乙方请病假10天、事假累计超过7天者，试用合同自行解除。

七、乙方的其他权利、义务

- 试用期满，有权决定是否签订正式劳动合同；
- 乙方有突出表现，可以要求甲方奖励；
- 具有参与公司民主管理、提出合理化建议的权利；
- 反对和投诉对乙方试用身份不公平的歧视。

八、一般情况下，试用期间乙方岗位不得变更。若需变更，须事先征求乙方的同意。

九、本合同如有未尽事宜，双方本着友好协商原则处理。

十、本合同一式两份，甲、乙双方各执一份，具同等效力，经甲乙双方签章生效。

甲方（法定代表人）：　　　　　　　　　　　　乙方（法定代表人）：

签约日期：　　年　　月　　日　　　　签约日期：　　年　　月　　日

签约地点：

参 考 文 献

[1] 董克用,叶向峰. 人力资源管理概论 [M]. 北京:中国人民大学出版社,2004.

[2] 张佩云. 人力资源管理 [M]. 北京:清华大学出版社,2004.

[3] 董克用. 人力资源管理概论 [M]. 2版. 北京:中国人民大学出版社,2007.

[4] 谢晋宇. 人力资源开发概论 [M]. 北京:清华大学出版社,2005.

[5] 约翰·M.伊万切维奇. 人力资源管理 [M]. 赵曙明,译. 北京:机械工业出版社,2005.

[6] 李琦. 人力资源管理基础技能实训 [M]. 北京:北京大学出版社,2007.

[7] 全国经济专业技术资格考试用书编写委员会. 人力资源管理专业知识与实务(中级) [M]. 北京:中国人事出版社,2006.

[8] 康士勇. 工资理论与工资管理 [M]. 2版. 北京:中国劳动社会保障出版社,2006.

[9] 郑兰先. 人力资源管理 [M]. 北京:清华大学出版社,2008.

[10] 廖泉文. 人力资源管理 [M]. 北京:高等教育出版社,2003.

[11] 赵永乐,王培军. 人力资源管理概论 [M]. 上海:上海交通大学出版社,2007.

[12] 赵景华. 人力资源管理 [M]. 济南:山东人民出版社,2002.

[13] 雷蒙德·A.诺伊,等. 人力资源管理:赢得竞争优势 [M]. 刘昕,译. 北京:中国人民大学出版社,2001.

[14] 萧鸣政. 人力资源开发学 [M]. 北京:高等教育出版社,2002.

[15] 陈维政. 人力资源管理 [M]. 北京:高等教育出版社,2002.

[16] 陈天祥. 人力资源管理 [M]. 广州:中山大学出版社,2001.

[17] 孟昭宇. 中外企业人力资源管理案例精选 [M]. 北京:经济管理出版社,2003.

[18] 谌新民. 新人力资源管理 [M]. 北京:中央编译出版社,2006.

[19] 姜玲玲,姚波. 人力资源管理 [M]. 北京:科学出版社,2008.

[20] 赵曙明. 国际企业：人力资源管理 [M]. 南京：南京大学出版社，2005.

[21] 莫寰. 人力资源管理——原理、技巧与应用 [M]. 北京：清华大学出版社，2007.

[22] 黄维德. 人力资源管理 [M]. 上海：上海财经大学出版社，2006.

[23] 刘金章，孙可娜. 现代人力资源管理 [M]. 北京：高等教育出版社，2003.

[24] 徐光华. 人力资源管理实务 [M]. 北京：清华大学出版社，2005.

[25] 萧鸣政. 人员测评理论与方法 [M]. 北京：中国劳动社会保障出版社，2005.

[26] 陈惠湘. 联系为什么 [M]. 北京：北京大学出版社，1997.

[27] 傅夏仙. 人力资源管理 [M]. 杭州：浙江大学出版社. 2008.

[28] 加里·德斯勒，等. 人力资源管理 [M]. 北京：中国人民大学出版社，2006.

[29] 劳动和社会保障部教材办公室，上海市职业培训指导中心. 助理人力资源管理师 [M]. 北京：中国劳动社会保障出版社，2005.

[30] 付亚和，许玉林. 绩效管理 [M]. 上海：复旦大学出版社，2004.

[31] 吴志明. 员工招聘与选拔实务手册 [M] 北京：机械工业出版社，2002.